Gulliver Taschenbuch 395

Susanne Härtel lebt in München und arbeitet als Übersetzerin, Herausgeberin und freie Lektorin. Sie verbrachte mehrere Jahre in den USA, in Algerien und in England. Im Programm Beltz & Gelberg gab sie zusammen mit Magdalena Köster verschiedene Anthologien heraus. *Die Reisen der Frauen* kam auf die Auswahlliste zum Deutschen Jugendliteraturpreis.

Alles Bären!

Die schönsten Geschichten
Gesammelt von Susanne Härtel

Mit vielen Bildern und
einem Daumenkino
von Franziska Biermann

BELTZ
& Gelberg

Gulliver Taschenbuch 395
Originalausgabe

Programm Beltz & Gelberg, Weinheim

Einbandgestaltung von Max Bartholl
unter Verwendung eines Fotos von Daniel J. Cox
Gesetzt nach der neuen Rechtschreibung
Gesamtherstellung Druckhaus Beltz, 69494 Hemsbach
Printed in Germany
ISBN 3 407 78395 7
1 2 3 4 5 04 03 02 01 00

Inhalt

Vom Bären, der nicht mehr schlafen konnte

Es lebte ein Bär in dem schönen, fernen Land Sibirien.

Er war groß und stark, aber sehr gutmütig, und die Tiere der Taiga liebten ihn.

Jeden Morgen, wenn das Sonnenlicht grün und golden durch die Baumwipfel brach, wanderte der Bär hinunter an den Fluss. Dort saß er still auf einem Uferstein, spähte in die Tiefe und haschte blitzschnell nach den Fischen, die arglos vorüberschwammen. Hatte er genug gefangen und gefressen, streckte der Bär seine Pfoten aus, schniefte wohlig und schlief ein.

So lebte er glücklich und zufrieden viele Jahre.

Eines Morgens aber, als der Bär zum Fluss hinunterkam, lugte von seinem Uferstein nur noch ein winziges Häubchen hervor, kaum größer als die eigene Tatze. Der Bär stand reglos und ratlos. Er brummte laut und schnüffelte über den Fluss.

Wie sollte er nun zu seinen Fischen kommen?

Das Wasser fragte nicht danach.

Es stieg und stieg. Tag für Tag. Nacht für Nacht. Und der Bär verlor nicht nur den Uferstein. Er verlor auch den Strauch mit den süßesten Beeren, den Busch mit den schönsten Ebereschen und schließlich die Honigkammer in der alten Birke. Das Wasser drang unerbittlich vor und der Bär wurde zornig und traurig.

Es begegnete ihm der Hirsch Maral.

»Sag mir«, rief der Bär, »was tut der Fluss? Das Wasser steigt und steigt. Ich finde nirgendwo ein sicheres Fleckchen mehr.«

Maral, von weit her gekommen, sprach: »Das Wasser wird noch lange steigen. Denn die Menschen haben einen Damm gebaut, quer durch den Fluss.«

»Einen Damm«, rief der Bär, »quer durch den Fluss? Was soll das bedeuten? Ich habe keinen Uferstein mehr, dazu die süßesten Beeren verloren, dazu den herrlichsten Honig.« Und plötzlich brüllte der Bär: »Ich werde den Damm besiegen!«

Der Hirsch Maral aber sprach: »Es ist weit bis dorthin, hundertmal weiter, als du an einem Tag laufen kannst. Und kämst du auch hin, der Damm ist hart wie Felsen, hoch wie ein Berg und man rühmt seine Wunderkraft: Der Damm gibt den Menschen Licht und Wärme.«

»Wer soll dir das glauben?«, rief der Bär, schüttelte seinen Pelz und trabte los.

Dem Lauf des Flusses folgend, trabte er durch die Taiga, trabte und trabte neben dem steigenden Wasser einher.

Der Sommer verging, mit nächtlichen Nebeln kam der Herbst, der Bär trabte immer noch durch die Taiga.

Er traf den Rehbock, braun und sanft, und traf den Vielfraß, der auf weichen Sohlen seines Weges zog.

Er sah das Wiesel, flink von Busch zu Busch, und sah

den Zobel, flink von Baum zu Baum, und sah den Auerhahn im Schmuck seiner Federn. Und alle fragten: »Wohin, lieber Mischka, wohin? Komm, sei unser Gefährte.«

Der Bär aber grollte: »Ich habe keinen Uferstein mehr, dazu die süßesten Beeren verloren, dazu den herrlichsten Honig. Ich kann nicht euer Gefährte sein, ich muss den Damm besiegen. Folgt mir!«

Die Tiere folgten dem Bären nicht.

Sie zogen tiefer in die Taiga: Rehbock und Vielfraß, Wiesel, Zobel, Auerhahn – die Tiere des Waldes, ob groß oder klein, suchten sich Höhlen und bauten sich Nester, ferner und ferner dem Damm.

Der Bär blieb allein. Der Winter war nah, und als der erste Schnee fiel, sah der Bär die letzte Haselmaus.

»Wohin, lieber Mischka?«, piepste die Haselmaus. »Du begibst dich in Gefahr! Die Menschen haben einen Damm gebaut, Häuser gebaut, Straßen gebaut. Eine neue Stadt steht mitten im Wald. Autos fahren, Kinder spielen und nachts sind die Straßen hell wie am Tage.«

»Ich fürchte mich nicht«, erwiderte der Bär. »Ich werde den Damm besiegen!«

»Den Damm besiegen?«, piepste die Haselmaus. Und stumm vor Schreck äugte sie dem Bären nach.

Der Schnee fiel sacht und weich, die Taiga wurde weiß und die Sträucher mit ihren Früchten schlummerten tief verborgen unter einer dicken Decke.

Der Bär fand keine Nahrung mehr. Hunger begann ihn zu quälen, die Füße wurden ihm schwer. Er war müde, so müde, und dachte nicht mehr an den Damm, suchte sich eine Höhle, steckte den Kopf zwischen die Tatzen und schlief ein.

Das Wasser aber stieg weiter. Tag für Tag, Nacht für Nacht. Es erreichte die Höhle und leckte dem Bären über die Tatzen, leckte ihm über die Nase, und der Bär musste niesen und wurde wach.

Nicht weit entfernt lag eine zweite Höhle, warm und geborgen, unter einem Felsen. Der Bär kroch hinein, rollte sich rund und schlief drei Tage. Am vierten Tag war das Wasser auch hier, und der Bär musste abermals weichen, geplagt von seiner Müdigkeit und böse auf die ganze Welt.

Einsam irrte er durch den Wald, fand keine Höhle mehr und keinen Unterschlupf, fand nur das Dach eines umgestürzten Baumes. Hier schlief er ein, zu Tode matt, schlief und schlief – wie lange?

Donnergetöse riss ihn hoch. Ein Motor dröhnte, Ketten klirrten. Ein Raupenschlepper zog den Baumstamm fort.

Der Bär lag wie erstarrt. Und die Arbeiter neben dem Raupenschlepper, dick vermummt in Wattejacken, selber tapsig wie Bären, die Arbeiter schrien einander zu: »Ein Mischka, ein Mischka! Ist er tot?«

Der Bär sprang auf, den Arbeitern durch die Beine, warf sie mit ihren Wattejacken in den Schnee, rannte davon und kugelte sich, braun der Pelz im stiebenden Schnee.

Weit durch den Wald war er gerannt, da klaffte verborgen ein schwarzer Spalt. Der Bär fiel hinein und sauste bergab, rutschte und sauste die Schlucht hinab bis an den Rand einer Straße aus Schotter. Hier saß der Bär erschrocken still. An seiner Nase vorbei rollten die riesigen Reifen schwerer Kipper und jenseits der Straße schäumte sein Fluss. Doch der Bär erkannte den Fluss nicht wieder, so weiß und wild und tosend.

Vorsichtig lugte er endlich ins Freie. Einmal nach links, den Fluss hinunter, und einmal nach rechts, den Fluss hinauf.

Nach links, den Fluss hinunter, wurde das Wasser wieder ruhig. Nach rechts aber stand der Damm: hart wie ein Felsen, hoch wie ein Berg, grau, glatt, mächtig.

Zu Füßen des Dammes kochte die Wasserflut, zu seinen Häupten schwieg der Himmel, und der Bär, hierher gekommen, den Damm zu besiegen, fühlte sich klein und schwach gegen seine Größe.

Er suchte einen Weg zurück, stieg über rotes Steingeröll bergauf, stieg weiter durch weichen Schnee, der blau im Schatten des Abends lag, und kam nach vielen Stunden zu der neuen Stadt. Es war Nacht und sehr still und die Stadt sah feierlich aus im Licht ihrer weißen Laternen.

Am Rande der Taiga stand der Bär. Die nächtliche Stadt hatte ihn verzaubert.

Er streifte stumm durch ihre Straßen, zwischen den hohen Häusern, unter den weißen Laternen, stumm und ganz für sich, weil ringsum die Menschen schliefen.

Auch die Autos schliefen und die blauen Telefonhäuschen und die roten Kioske, an denen tagsüber heißer Tee verkauft wurde.

Die Laternen nur, leuchtend wie kleine Monde, wachten über den Schlaf der Stadt.

Der Bär lief hierhin und dorthin, betatzte die Autos, die Telefonhäuschen und schnupperte rund um die Teebudenplätze, verlockt von dem Duft nach Süßigkeit.

Je länger der Bär aber lief, fremd in der Stadt, in den stillen Straßen, desto häufiger dachte er an die Taiga.

Dachte an Rehbock und Vielfraß, Wiesel, Zobel, Auerhahn, an den Hirsch Maral und die kleine ängstliche Haselmaus.

Dachte an Bäume und Sträucher, an die süßen Beeren des Sommers und die warmen Höhlen des Winters.

Die Sehnsucht des Bären wuchs grenzenlos.

Nichts hielt ihn mehr in der Stadt …

In der Frühe des nächsten Morgens, als alle Laternen längst erloschen waren, fanden Kinder seine Spuren.

Den Bären selber sahen sie nicht.

Er war weitergezogen zu den Tieren, Tage und Nächte durch die Taiga, zu den warmen Höhlen des Winters, in denen er Ruhe fand und Schlaf.

Benno Pludra

Wer den Honig mit dem Bären teilt, erhält den kleineren Teil.
Sprichwort aus Italien

Kleine Bärenkunde

Die wenigsten Leute wissen, dass es außer Braunbär, Grizzlybär und Pandabär noch viele andere Bären gibt.

Brummbären werden leider sehr oft mit den Brombären verwechselt, die sehr ruhige und schläfrige Bären sind, weil sie sich von Brom ernähren, was ein Beruhigungsmittel ist.

In Erdlöchern wohnen bekanntlich die Erdbären.

Leider gibt es auch eine Bärenart, die dem Alkohol verfallen ist. Es sind die Blaubären.

Ein Bär, der in einer Stunde eine halbe Tonne Klee verzehren kann, ist der Superkleebär.

Dann gibt es eine sehr unangenehme Bärenart: Dieser Bär ist klein und rundlich und schreit sehr laut. Er heißt deswegen Kugelschreibär.

Der Reubär heißt so, weil er immer die Bienenstöcke ausraubt und das danach bitter bereut. (Aber vielleicht weniger aus schlechtem Gewissen, sondern weil er so zerstochen ist.)

In Persien wohnte der Schahbär, der aber praktisch ausgerottet ist.

Der Wehbär kann einem nur Leid tun, weil er oft starke Schmerzen leidet, oder zumindest tut er immer so, um Mitleid zu erregen.

In den Wäldern schleicht nachts heimlich der Holzklaubär herum und klaut Holz, während am Morgen im Tau der Wiesen der Taubär gurrt.

Im Winter ist auf verschneiten Hängen der Schibär anzutreffen und ein seltsames Doppelwesen ist der Bi-Bär.

Gar immer nur zu acht anzutreffen ist der Okto-Bär. Verwandt mit ihm sind der etwas kleinere Septem-Bär und der größere Novem-Bär.

Ständig entweder erstaunt oder bestürzt ist der Oh-Bär, und darum heißt er so, weil er zu allem und jedem »Oh!« sagt.

Ein sehr verschlossenes Tier ist der Zubär und der einzige flugfähige Bär ist der Hubschraubär.

Am unbeliebtesten aber ist der faule Zaubär.

Martin Auer

Das Bärchen

»Wollen Sie ein kleines Bärchen haben?«, fragte mich mein Kutscher Andrej.

»Wo ist es denn?«

»Bei den Nachbarn. Jäger haben es ihnen geschenkt. Es ist niedlich, etwa drei Wochen alt. Ein drolliges Tierchen.«

»Warum geben es denn die Nachbarn ab, wenn es so drollig ist?«

»Das weiß ich nicht. Ich habe das Bärchen gesehen, es ist nicht größer als ein Pelzhandschuh. Und wie drollig es watschelt!«

Ich lebte im Ural, in einer Bezirksstadt. Die Wohnung war groß. Warum sollte ich das Bärchen nicht nehmen? Wirklich, junge Bären sind drollige Tiere. Mochte es nun bei mir leben, später wird man schon sehen, was mit ihm geschehen soll.

Gesagt – getan. Andrej ging zu den Nachbarn und kam nach einer halben Stunde mit einem winzigen Bärchen wieder, das in der Tat nicht größer als ein Pelzhandschuh war, nur mit dem Unterschied, dass dieser lebendige »Fäustling« äußerst drollig auf vier Beinen umherspazierte und noch drolliger die lieben blauen Äuglein funkeln ließ.

Dem Bärchen folgte eine ganze Schar von Kindern, so dass wir das Tor schließen mussten. Als es im Zimmer war, zeigte es keine Spur von Scheu, sondern war sehr zutraulich. Es ging an den Wänden entlang, beschnupperte alles, berührte dieses und jenes mit seinen kleinen schwarzen Pfoten und fand wohl alles in Ordnung.

Die Kinder gaben ihm Milch, Brötchen und Zwieback. Das Bärchen nahm alles wie selbstverständlich hin, setzte sich in einer Ecke auf die Hinterpfoten und machte es sich bequem, um zu frühstücken. Es tat alles mit ungewöhnlicher Wichtigkeit.

»Bärchen, willst du Milch?«

»Bärchen, hier hast du Zwieback!«

»Bärchen!«

Mitten in diesem Trubel kam mein Jagdhund, ein alter Irischer Setter, unbemerkt ins Zimmer. Er witterte sofort die Anwesenheit eines fremden Tieres, machte sich lang, sein Fell sträubte sich und im Handumdrehen war er in Angriffsstellung. Man hätte das Bild sehen sollen: Das Bärchen hatte sich in die Ecke gedrückt und starrte den langsam näher kommenden Hund mit bösen Augen an.

Der Hund hatte Erfahrung und stürzte sich deshalb nicht sofort auf den ungebetenen Gast, jedoch: Diese Zimmer gehörten ihm, was hatte das fremde Tier in der Ecke zu tun und ihn anzustarren, als wäre alles in Ordnung? Er betrachtete den kleinen Bären verwundert mit seinen großen Augen.

Ich sah, wie der Setter vor Aufregung zitterte, und

wollte ihn festhalten, damit er sich nicht auf das winzige Bärchen stürze. Es geschah aber etwas ganz anderes, etwas, was niemand erwartet hatte. Der Hund sah mich an, als wollte er um meine Zustimmung bitten, und bewegte sich mit gemessenen Schritten langsam vorwärts. Ein knapper halber Meter trennte ihn noch von dem Bärchen; der Hund konnte sich aber noch nicht entschließen zuzupacken, er reckte sich und schnupperte. Nach Hundeart wollte er den Feind erst wittern.

In diesem kritischen Augenblick aber holte der kleine Bär aus und schlug mit der rechten Pfote dem Hund auf die Schnauze. Offensichtlich war der Schlag recht stark: Der Hund sprang zurück und winselte.

»Bravo, Bärchen!«, riefen begeistert die Kinder. »So klein, wie es ist, es fürchtet sich vor nichts.«

Der Hund schämte sich wohl und verzog sich in die Küche.

Das Bärchen vertilgte in aller Ruhe Milch und Brötchen, kletterte dann zu mir auf den Schoß, rollte sich zusammen und schnurrte wie ein Kätzchen.

»Wie niedlich es ist!«, sagten die Kinder. »Wir wollen es behalten. Es ist ja so klein und kann nichts Böses tun.«

»Nun, so mag es denn dableiben«, gab ich meine Zustimmung. Ich hatte meine Freude an dem possierlichen Tierchen. Wie sollte man sich auch nicht daran erfreuen! Es schnurrte so behaglich, leckte so zutraulich mit seiner schwarzen Zunge meine Hände und schlief endlich wie ein kleines Kind in meinen Armen ein.

Das Bärchen hatte sich bei mir einquartiert und ergötzte alle im ganzen Haus, die Großen wie die Kleinen. Es schlug possierliche Purzelbäume, war neugierig und mischte sich in alles ein. Besonders interessierten es die Türen. Es watschelte zu einer Tür, zwängte die Pfote zwischen Tür und Pfosten und versuchte sie zu öffnen. Gelang ihm dies nicht, dann wurde es böse, brummte und benagte das Holz mit scharfen Zähnen, die wie weiße Nägel blitzten.

Ich staunte über die ungewöhnliche Beweglichkeit und Kraft des kleinen Tollpatsches. Im Laufe eines Tages war er durch das ganze Haus gewandert, und es gab keinen Gegenstand, den das Bärenkind nicht besichtigt, nicht beschnuppert oder beleckt hätte.

Es wurde Nacht. Ich hatte das Bärchen bei mir im Zimmer behalten. Es rollte sich auf dem Teppich zusammen und schlief sofort ein.

Als ich sah, dass es sich beruhigt hatte, löschte ich die Lampe und wollte auch zu Bett gehen. Nach einer knappen Viertelstunde, als ich gerade beim Einschlafen war, wurde ich gestört. Das Bärchen hatte sich an die Tür zum Esszimmer herangemacht und wollte sie öffnen. Ich zog es fort und legte es auf sein Lager. Es verging keine halbe Stunde, als sich dasselbe wiederholte. Ich musste wieder aufstehen und das eigensinnige Tier

zum zweiten Mal hinlegen. Nach einer weiteren halben Stunde – geschah das Gleiche …

Endlich wurde mir das zu viel, außerdem wollte ich auch schlafen. Ich öffnete die Tür und ließ das Bärchen ins Esszimmer. Alle Türen und Fenster waren geschlossen, so dass kein Grund zur Besorgnis vorhanden war.

Ich sollte aber auch dieses Mal nicht einschlafen. Das Bärchen war ins Büfett gelangt und klapperte mit den Tellern. Ich musste aufstehen und es aus dem Büfett herausholen. Es wurde schrecklich böse, brummte, verdrehte den Kopf und wollte mir in die Hand beißen. Ich packte es am Nacken und trug es ins Wohnzimmer. Dieses Spektakel wurde mir zu bunt, zudem musste ich am anderen Morgen früh aufstehen. Ich schlief bald ein und vergaß den Ruhestörer.

Es war wohl eine halbe Stunde vergangen, als mich ein furchtbarer Lärm im Wohnzimmer aufschreckte. Im ersten Augenblick konnte ich gar nicht erkennen, was geschehen war: Das Bärchen zankte sich mit dem Hund, der auf seinem Platz im Flur geschlafen hatte.

»Das ist aber ein Frechdachs!«, staunte der Kutscher, als er die beiden zu trennen versuchte.

»Wo lassen wir das Bärchen jetzt?«, überlegte ich laut. »Es wird ja keinen Menschen schlafen lassen.«

»Bringen wir es zu den Kindern«, sagte Andrej. »Sie haben es doch so gern, mag es bei ihnen schlafen.«

Das Bärchen wurde im Zimmer der Kinder einquartiert, die sich über den kleinen Schlafgenossen freuten.

Es war schon zwei Uhr morgens, als das Haus endlich zur Ruhe kam. Ich war froh, dass ich den unruhigen Geist losgeworden war und schlafen konnte. Es verging aber keine Stunde, als ein furchtbarer Krach im Kinderzimmer uns alle aus den Betten scheuchte. Es musste etwas Entsetzliches geschehen sein. Ich stürzte ins Zimmer der Kinder und entzündete ein Streichholz.

In der Mitte des Raumes stand ein Schreibtisch mit einer Wachstuchdecke. Das Bärchen war am Tischbein hochgeklettert, hatte das Wachstuch mit den Zähnen gefasst, die Pfoten gegen das Tischbein gestemmt und mit aller Kraft am Tuch gezogen. Es hatte so lange gezogen, bis das Wachstuch und mit ihm die Lampe, zwei Tintenfässer, die Wasserkaraffe und alles Übrige, was auf dem Tisch gestanden hatte, am Boden lag. Das Ergebnis war: eine zerbrochene Lampe, eine zersplitterte Karaffe und vergossene Tinte. Der Urheber des ganzen Tumultes aber hatte sich in die fernste Ecke verzogen, wo nur noch seine Augen, zwei glühenden Kohlen gleich, zu sehen waren.

Man versuchte das Bärchen zu packen, es wehrte sich aber verzweifelt und versuchte sogar, eines der Kinder zu beißen.

»Was machen wir nun mit diesem kleinen Räuber?«, sagte ich missmutig. »Du bist an allem schuld, Andrej!«

»Was habe ich denn getan? Ich habe vom Bärchen nur gesprochen, behalten haben Sie es doch. Und die

Kinder waren auch zufrieden«, rechtfertigte sich der Kutscher.

Kurzum, das Bärchen gab die ganze Nacht keine Ruhe.

Der nächste Tag brachte neue Prüfungen. Es war Sommer, die Türen waren nicht geschlossen. Der kleine Bär hatte sich unbemerkt in den Hof geschlichen und der Kuh einen furchtbaren Schrecken eingejagt. Es endete damit, dass das Bärchen ein Küken fing und es würgte. Da brach ein Aufruhr los. Besonders erregt zeigte sich die Köchin, die um das Küken trauerte. Sie fiel über den Kutscher her und es wäre fast zu einer Prügelei gekommen.

In der nächsten Nacht wurde der unruhige Gast zur Vermeidung von neuen Untaten in eine Kammer gesperrt, in der nichts anderes stand als eine Kiste mit Mehl. Wie groß war aber der Zorn der Köchin, als sie am nächsten Morgen das Bärchen in der Kiste fand: Es hatte den schweren Deckel hochgeklappt und schlief ganz friedlich auf dem Mehl. Die wütende Köchin brach in Tränen aus und kündigte.

»Es ist ja wirklich kein Leben mehr mit diesem Tier«, erklärte sie. »Die Kuh lässt keinen mehr an sich heran, die Küken muss man einsperren … das Mehl wegwerfen. Nein, ich gehe!«

Ich muss gestehen, dass ich bereute, das Bärchen behalten zu haben, und freute mich sehr, als sich ein Bekannter fand, der es zu sich nahm.

»Ist das aber ein liebes Tier!«, rief er entzückt aus. »Die Kinder werden sich freuen. Für sie wird es ein wahres Fest sein. Wirklich, es ist zu niedlich!«

»Ja, es ist niedlich …«, bestätigte ich.

Wir atmeten alle erleichtert auf, als wir dieses liebe Tierchen endlich loswurden und die frühere Ordnung in unser Haus wieder einkehrte.

Unser Glück währte aber nicht lange, weil mein Bekannter das Bärchen schon am nächsten Tag zurückbrachte. Das Bärchen hatte dort noch mehr Unfug angerichtet als bei uns. Es war in die Kutsche geklettert, vor die ein junges Pferd gespannt war, und hatte gebrummt. Das Pferd stürzte natürlich davon und beschädigte dabei den Wagen. Wir versuchten, das Bärchen den Nachbarn, von denen wir es bekommen hatten, zurückzugeben, doch diese lehnten entschieden ab.

»Was sollen wir nun mit ihm machen?«, fragte ich verzweifelt den Kutscher. »Ich bin bereit, noch draufzuzahlen, nur um den Teufel loszuwerden.«

Glücklicherweise fand sich ein Jäger, der das Bärchen mit Vergnügen nahm.

D. N. Mamin-Sibirjak

Die Geschichte des Teddybären

Die Geschichte des Teddybären beginnt eigentlich mit Margarete Steiff. Vor mehr als 150 Jahren wurde sie in einer kleinen Stadt in der Nähe von Ulm geboren. Als kleines Kind bekam sie Kinderlähmung und wurde nie mehr ganz gesund. Trotzdem erlernte sie ein Handwerk und wurde eine erfolgreiche Schneiderin. Bald hatte sie ein eigenes Geschäft, wo sie mit Vorliebe Kleidungsstücke aus Filz verkaufte. Aus Filz kann man aber nicht nur Mäntel und Hüte machen, sondern auch andere Dinge. Im Jahr 1880 nähte Frau Steiff aus Filzresten einen kleinen Elefanten, der eigentlich als Nadelkissen gedacht war. Dieser Elefant war aber bei Kindern als Spielzeug so beliebt, dass bald mehrere tausend davon verkauft wurden. Das war für die damalige Zeit eine riesige Menge. Margarete Steiff entwarf und nähte dann immer mehr Spielzeugtiere und auch Puppen und ihre Werkstatt wurde immer erfolgreicher.

Den zotteligen Steiff-Bären mit beweglichen Armen und Beinen aber hat Richard Steiff, ein Neffe von Margarete, der in ihrem Familienunternehmen mitarbeitete, im Jahr 1902 erfunden. Dieser Bär hatte aber noch keinen Namen. Den bekam er erst ein Jahr später.

Zu dieser Zeit regierte in den Vereinigten Staaten von Amerika der Präsident Theodore Roosevelt, der sehr beliebt war und von seinen vielen Freunden nicht

Theodore, sondern Teddy gerufen wurde. Der Präsident war ein begeisterter Jäger, und immer wenn er keine dringenden Staatsangelegenheiten zu erledigen hatte, ging er mit seinen Freunden auf Jagd. Bei einem solchen Jagdausflug fingen die Freunde von Teddy Roosevelt einen jungen Bären, und da sie dem Präsidenten eine Freude machen wollten, banden sie den Bären an einem Baum fest. Sie dachten sich, dass es so viel einfacher sein würde, einen Bären zu schießen, weil der sich ja nicht rühren und man in Ruhe auf ihn zielen kann, wie auf eine Zielscheibe. Als Teddy Roosevelt den festgebundenen kleinen Bären sah, der kläglich vor sich hin wimmerte, freute er sich jedoch gar nicht, im Gegenteil, er wurde sehr wütend. Ein richtiger Jäger würde nämlich niemals auf so ein Tier schießen, schimpfte er. Das sei unsportlich und unfair, denn das Tier habe ja gar keine Chance zu entkommen. Sofort ordnete Roosevelt an, den Bären loszubinden und freizulassen.

Weil der Präsident so eine wichtige Person war, begleiteten ihn auf solchen Jagdausflügen auch immer Reporter und natürlich wurde die Bärengeschichte in vielen Zeitungen beschrieben. In einer davon erschien dazu noch eine witzige Zeichnung, die Roosevelt mit einem kleinen Bären darstellte. Die gefiel den Lesern so gut, dass sie auch noch in anderen Zeitungen abgedruckt und bald in ganz Amerika berühmt wurde. Die Leute nannten die Karikatur *Teddys Bär*.

So kam es, dass die amerikanischen Besucher, die auf der Leipziger Messe im Jahr 1903 die ersten Steiff-Bären entdeckten, sofort an Teddy dachten und sie Teddybären nannten. Die Steiff-Bären wurden ein richtiger Kassenschlager, nicht nur bei den Amerikanern. Übrigens hatte der amerikanische Präsident nichts dagegen, dass die Bären nach ihm benannt wurden. In der ersten Teddylieferung, die in Amerika eintraf, war natürlich auch einer für Theodore Roosevelt dabei und der hat das Geschenk gern angenommen.

Damit der Teddybär seinen Namen bekommen konnte, musste also eine Jagdgesellschaft einen Bären fangen, ein Präsident musste sich ärgern, ein Reporter das alles beschreiben, ein Zeichner eine Karikatur dazu zeichnen, und es musste die Leipziger Messe stattfinden, auf der Besucher aus Amerika den deutschen Steiff-Bären entdeckten. Und hätte Theodore nicht Theodore, also Teddy, geheißen, gäbe es jetzt vielleicht den Billybär, den Frankybär, den Georgybär oder den Johnnybär.

Jeannette Schmid

Bär

Ein dicker, schwarzer Bär
stellt feine weiße Milch her.
Das tut er nicht aus Vererbung,
sondern bloß für die Werbung.

Peter Härtling

Aus dem Leben von zwei Bären

Ein Bär,
der jahrelang
mit Kindern spielt,
was der wohl fühlt,
wenn sie groß sind,
eigene Wege gehen,
ihn übersehen?

Ich kenne zwei,
die warteten immer,
spitzten die Ohren,
froren.

»Kinder wachsen,
es muss wohl so sein«,
sagte der eine.

Das leuchtete auch
dem anderen ein.

»Du bist ein Bär,
ich bin ein Bär,
wir sind doch wer!«

Der andere Bär
hat Augen gemacht
und nachgedacht.

Von da an
unterhielten sie sich
gern miteinander
und jeder für sich.

Bis man sie holte,
ins Wohnzimmer setzte
und immer mal wieder
mit ihnen schwätzte.

Ihnen wie früher
was anvertraute,
so, wie sie's mochten,
nach ihnen schaute.

Es wäre nicht gut,
wenn wir nicht wären –
fühlten die Bären.

Rosemarie Neie

Pu macht einen Besuch und gerät an eine enge Stelle

Eduard Bär, seinen Freunden auch als Winnie-der-Pu bekannt oder einfach Pu, ging eines Tages durch den Wald und summte stolz vor sich hin. Er hatte an jenem Morgen ein kleines Gesumm erdacht, während er vor dem Spiegel seine Kraftübungen machte: *Tra-la-la, tra-la-la*, und er reckte sich, so hoch er konnte, und dann *Tra-la-la, tra-la – Oh! Hilfe! – la*, als er versuchte, seine Zehen zu erreichen. Nach dem Frühstück hatte er es sich immer wieder aufgesagt, bis er es auswendig konnte, und jetzt summte er es vollständig und fehlerfrei von vorne bis hinten durch. Es ging so:

»Tra-la-la, tra-la-la,
Tra-la-la, tra-la-la,
Rum-tum-tiedel-um-tum,
Tiedel-diedel, tiedel-diedel,
Tiedel-diedel, tiedel-diedel,
Rum-tum-tum-tiedel-dum.«

Er summte sich also dies Gesumm vor und ging froh vor sich hin und fragte sich, was wohl alle anderen machten und was das wohl für ein Gefühl wäre, ein anderer zu sein, als er plötzlich an einen sandigen Abhang kam, und in dem Abhang war ein großes Loch.

»Aha!«, sagte Pu. *(Rum-tum-tiedel-um-tum.)* »Wenn ich überhaupt irgendwas über irgendwas weiß, bedeutet dieses Loch Kaninchen«, sagte er, »und Kaninchen bedeutet Gesellschaft«, sagte er, »und Gesellschaft bedeutet Essen und Mir-beim-Summen-Zuhören und Ähnliches in der Art. *Rum-tum-tum-tiedel-dum.«*

Also bückte er sich, steckte seinen Kopf in das Loch und rief: »Ist jemand zu Hause?«

Plötzlich hörte man innen im Loch ein Trippeln und dann war es wieder still.

»Ich sagte: ›Ist jemand zu Hause?‹«, rief Pu sehr laut.

»Nein!«, sagte eine Stimme; dann fügte die Stimme hinzu: »Du brauchst nicht so laut zu rufen. Beim ersten Mal habe ich dich bereits sehr gut gehört.«

»So ein Mist!«, sagte Pu. »Ist denn überhaupt niemand da?«

»Niemand.«

Winnie-der-Pu zog seinen Kopf aus dem Loch und dachte ein wenig, und zwar dachte er: Es muss jemand da sein, denn jemand muss »niemand« *gesagt* haben. Also steckte er seinen Kopf ins Loch zurück und sagte: »Hallo, Kaninchen, bist du das nicht?«

»Nein«, sagte Kaninchen, diesmal mit einer anderen Stimme.

»Aber ist das nicht Kaninchens Stimme?«

»Ich *glaube* nicht«, sagte Kaninchen. »Jedenfalls *soll* sie es nicht sein.«

»Oh!«, sagte Pu.

Er zog seinen Kopf aus dem Loch, dachte noch einmal gründlich nach, steckte den Kopf ins Loch zurück und sagte: »Könnten Sie mir dann liebenswürdigerweise sagen, wo Kaninchen ist?«

»Kaninchen besucht gerade seinen Freund Pu Bär, mit dem es sehr befreundet ist.«

»Aber das bin *ich* doch!«, sagte Bär überaus erstaunt.

»Welche Sorte von Ich?«

»Pu Bär.«

»Bist du sicher?«, fragte Kaninchen noch erstaunter.

»Ganz, ganz sicher«, sagte Pu.

»Na, dann komm doch einfach rein.«

Also gab sich Pu einen Schubs und noch einen Schubs und noch einen Schubs in das Loch hinein und schließlich war er drin.

»Du hattest völlig Recht«, sagte Kaninchen und sah ihn von oben bis unten an. »Du *bist* es. Schön, dich zu sehen.«

»Wer hätte ich denn sonst sein sollen?«

»Da war ich mir nicht sicher. Du weißt, wie es im Wald ist. Man kann nicht *jeden* in sein Haus lassen. Man muss *vorsichtig* sein. Wie wäre es mit einem Mund voll irgendwas?«

Pu nahm immer schon um elf Uhr vormittags gern eine Kleinigkeit zu sich, und er war sehr froh, als er sah, wie Kaninchen die Teller und Tassen hervorholte, und als Kaninchen sagte: »Honig oder Kondensmilch zum

Brot?«, war er so aufgeregt, dass er sagte: »Beides«, und dann, um nicht gierig zu wirken, fügte er »Aber mach dir wegen des Brots keine Umstände« hinzu.

Und danach sagte er lange Zeit gar nichts … bis er schließlich, mit ziemlich klebriger Stimme vor sich hin summend, aufstand, Kaninchen liebevoll die Pfote drückte und sagte, nun müsse er aber weiter.

»Musst du wirklich?«, sagte Kaninchen höflich.

»Tja«, sagte Pu, »ich könnte noch ein wenig bleiben, wenn es … wenn du …«, und er versuchte angestrengt, nicht dorthin zu starren, wo der Küchenschrank stand.

»Übrigens«, sagte Kaninchen, »wollte ich ebenfalls soeben das Haus verlassen.«

»Tja, dann will ich mal weiter. Lebe wohl!«

»Gut, gut, lebe wohl, falls du bestimmt nichts mehr möchtest.«

»*Gibt* es denn noch mehr?«, fragte Pu schnell.

Kaninchen hob den Deckel von jedem Topf und sagte: »Nein, es war schon alles verputzt.«

»Das hatte ich mir gedacht«, sagte Pu und nickte bestätigend. »Na, dann lebe wohl. Ich muss weiter.«

Und er begann aus dem Loch zu klettern. Er zog mit den Vorderpfoten und drückte mit den Hinterpfoten und nach einer gewissen Zeit war seine Nase wieder im Freien … und dann seine Ohren … und dann seine Vorderpfoten … und dann seine Schultern … und dann …

»Ach, Hilfe!«, sagte Pu. »Ich gehe lieber wieder zurück.«

»So ein Mist!«, sagte Pu. »Ich muss hinaus.«

»Es gelingt mir beides nicht!«, sagte Pu. »Ach, Hilfe *und* so ein Mist!«

Unterdessen wollte Kaninchen ebenfalls einen kleinen Gang tun, und da die Vordertür bereits voll war, ging es zur Hintertür hinaus und kam zu Pu und sah ihn an.

»Hallo, sitzt du fest?«, fragte es.

»N-nein«, sagte Pu sorglos. »Ich ruhe mich nur aus und denke und summe vor mich hin.«

»Komm, gib mir eine Pfote.«

Pu Bär streckte eine Pfote aus und Kaninchen zog und zog und zog …

»Au!«, schrie Pu. »Du tust mir weh!«

»Es ist eine Tatsache«, sagte Kaninchen. »Du sitzt fest.«

»Das kommt alles daher«, sagte Pu verärgert, »dass man Vordereingänge hat, die nicht groß genug sind.«

»Das kommt alles daher«, sagte Kaninchen streng, »dass man zu viel isst. Ich dachte vorhin schon«, sagte Kaninchen, »wollte aber nichts sagen«, sagte Kaninchen, »dass einer von uns beiden zu viel isst«, sagte Kaninchen, »und ich wusste, dass *ich* nicht derjenige war«, sagte es. »Dann werde ich mich mal auf den Weg machen und Christopher Robin holen.«

Christopher Robin wohnte am anderen Ende des Waldes, und als er mit Kaninchen zurückkam und die vordere Hälfte von Pu sah, sagte er: »Dummer alter Bär!«, mit so liebevoller Stimme, dass jeder wieder Hoffnung fasste.

»Mir fiel gerade ein«, sagte Bär und schniefte leicht, »dass Kaninchen vielleicht nie wieder seinen Vordereingang benutzen kann. Und das wäre mir ein *schrecklicher* Gedanke«, sagte er.

»Mir auch«, sagte Kaninchen.

»Seinen Vordereingang benutzen?«, sagte Christopher Robin. »Natürlich wird es seinen Vordereingang wieder benutzen.«

»Gut«, sagte Kaninchen.

»Wenn wir dich nicht herausziehen können, Pu, schieben wir dich vielleicht wieder zurück.«

Kaninchen kratzte sich nachdenklich am Schnurrbart und wies darauf hin, dass, sobald Pu zurückgeschoben worden war, er wieder zurück war, und natürlich könne es selbst, Kaninchen, sich nichts Schöneres vorstellen, als Pu bei sich zu Hause begrüßen zu dürfen, aber so sei es doch nun mal, manche wohnten auf Bäumen und manche wohnten unterirdisch und …

»Du meinst, ich komme hier *nie* wieder raus?«, sagte Pu.

»Ich meine«, sagte Kaninchen, »dass es, nachdem du nun schon mal *so* weit vorgedrungen bist, Verschwendung wäre, nicht in derselben Richtung weiterzuarbeiten.«

Christopher Robin nickte. »Dann gibt es nur eins«,

sagte er. »Wir werden warten müssen, bis du wieder dünner bist.«

»Wie lange dauert Dünnerwerden?«, fragte Pu besorgt.

»Etwa eine Woche, würde ich annehmen.«

»Aber ich kann doch nicht eine *Woche* lang hier bleiben!«

»*Bleiben* kannst du hier ganz leicht, dummer alter Bär. Dich hier her*aus*zukriegen ist so schwierig.«

»Wir werden dir vorlesen«, sagte Kaninchen vergnügt. »Und ich hoffe, dass es nicht schneit«, fügte es hinzu. »Außerdem, mein Alter, nimmst du in meinem Haus reichlich viel Platz ein … *Würde* es dir etwas ausmachen, wenn ich deine Hinterbeine als Handtuchhalter verwende? Ich meine, sie sind nun mal da – untätig –, und es wäre sehr praktisch, wenn ich meine Handtücher dort zum Trocknen aufhängen könnte.«

»Eine Woche!«, sagte Pu düster. *»Wie ist es mit den Mahlzeiten?«*

»Mahlzeiten wird es, fürchte ich, nicht geben«, sagte Christopher Robin, »wegen des schnelleren Dünnerwerdens. Aber *vorlesen* werden wir dir.«

Bär wollte gerade seufzen, merkte dann aber, dass er das nicht konnte, weil er so eingeklemmt war; eine Träne rollte ihm die Wange hinunter, als er sagte: »Würdest du dann bitte ein gehaltvolles Buch vorlesen, eins, das einem eingeklemmten Bären in starker Bedrängnis Hilfe und Trost spendet?«

Also las Christopher Robin dem Nordende von Pu ein solches Buch vor und Kaninchen hängte seine Wäsche am Südende auf … und dazwischen spürte der Bär, wie er immer schlanker wurde. Und als die Woche vorüber war, sagte Christopher Robin: *»Jetzt!«*

Also packte er Pus Vorderpfoten und Kaninchen packte Christopher Robin, und sämtliche Bekannten-und-Verwandten von Kaninchen packten Kaninchen und alle zogen … Und lange Zeit sagte Pu nur: *»Au!«* …

Und: *»Ach!«* …

Und dann, ganz plötzlich, sagte er: *»Plopp!«*, genau wie ein Korken, der aus der Flasche gezogen wird. Und Christopher Robin und Kaninchen und sämtliche Bekannten-und-Verwandten von Kaninchen fielen auf den Rücken … und oben auf sie drauf fiel Winnie-der-Pu: frei!

Also schenkte er seinen Freunden ein Nicken des Dankes und setzte seinen Weg fort, wobei er stolz vor sich hin summte.

Aber Christopher Robin sah ihm liebevoll nach und sagte »Dummer alter Bär!« vor sich hin.

A. A. Milne

Die Wärme im Sack der Bärin

Vor langer Zeit, als es noch keine Menschen gab, herrschte ein langer kalter Winter. Die Sonne versteckte sich hinter tiefen schwarzen Wolken, und der Schnee hörte nicht auf zu fallen. Der Himmel war schwarz und die Erde weiß von Schnee und Eis. Nachdem das Wetter drei ganze Jahre so geblieben war, trafen die Tiere zu einer großen Versammlung zusammen, um zu beraten, was zu tun sei. Sämtliche Tiere – die Vierbeiner, die geflügelten Tiere und die schuppigen Meerestiere –, alle kamen sie. Sie froren jämmerlich und ihr Magen knurrte.

Die Tiere waren sich einig, dass der Grund für den langen kalten Winter die plötzlich verschwundene Wärme sein musste. Auch fiel ihnen auf, dass kein Bär zu dem Treffen gekommen war und dass seit drei Jahren niemand auch nur einen Bären zu Gesicht bekommen hatte.

Ein weises Tier sagte: »Vielleicht haben die Bären etwas mit unserem Ungemach zu tun. Vielleicht haben sie die Wärme gestohlen und behalten sie nun für sich. Lasst uns zu ihnen gehen und nachsehen, was los ist.«

So stellten sie also eine Gruppe von Tieren zusammen, die zu den Bären gehen sollten. Es waren der Wolf, der Fuchs, der Vielfraß, der Luchs, die Maus, der Hecht und der Hundshai.

Zu dieser Zeit lebten die Bären in einer oberen Welt, weit über der Erde. Die Gesandten der Tiere hatten jedoch das Glück, dass sie ein Loch im Himmel fanden, durch das sie hineinschlüpfen konnten. Lange wanderten sie in der oberen Welt umher, bis sie zu einem See kamen, an dessen Ufer eine Hütte stand mit einem brennenden Feuer davor. In der Hütte fanden sie zwei zusammengekuschelte Bärenjungen.

»Wo ist eure Mutter?«, fragten die Tiere.

»Sie ist auf der Jagd«, antworteten die kleinen Bären.

Die Besucher schauten umher und sahen Säcke in verschiedenen Größen von den Dachbalken hängen.

Der Luchs deutete auf den ersten Sack und fragte: »Was ist in dem Sack?«

»Unsere Mutter hat darin den Regen aufbewahrt«, sagten die Bärenjungen.

»Und in diesem?«, fragte die Maus.

»Darin steckt der Wind.«

»Und in dem dort drüben?«, fragte der Fuchs.

»Oh, das ist der Nebel.«

»Und in dem letzten hier, was ist da drin?«, fragte der Vielfraß.

»Das dürfen wir nicht sagen«, sagten die kleinen Bären. »Es ist ein Geheimnis. Mutter hat uns verboten, darüber zu sprechen.«

»Ach, nun seid doch nicht so«, sagte der Wolf. »Wir sind doch Freunde. Ihr könnt es uns ruhig erzählen.«

»Nein, nein! Mutter würde uns bestrafen!«

»Aber sie muss es doch nicht erfahren«, sagte der Luchs. »Wir verpetzen euch bestimmt nicht.«

»Also, wenn ihr uns nicht verratet: In dem Sack steckt die Wärme.«

»Vielen Dank, ihr lieben kleinen Bären«, sagte die Maus. »Nun wissen wir alles, was wir wissen wollten.«

Die Tiere gingen nach draußen und hielten Rat. Sie beschlossen, sich zu verstecken, damit die alte Bärin sie nicht sah, wenn sie nach Hause kam. Aber zuerst sprang die Maus in das Kanu der Bärin und nagte das Paddel fast ganz durch.

Dann sahen sie die Bärenmutter auf der anderen Seite des Sees nahen. Der Luchs rannte schnell um den See herum und verwandelte sich in ein wohlgenährtes Karibukalb.

»Schnell, schnell, Kinder!«, rief die Bärin. »Helft mir, das Karibukälbchen für unser Abendbrot zu fangen!«

Die Bärenjungen kamen tollpatschig herausgelaufen und rannten um den See herum zu ihrer Mutter, so schnell sie nur konnten. Währenddessen liefen die anderen Tiere in die Hütte, rissen den Sack mit der Wärme vom Dachbalken und eilten damit ins Freie.

Der Karibu-Luchs lief zurück zum See und schwamm hinüber zur Hütte, während die Bärenmutter ins Kanu sprang und eilig hinter ihm herpaddelte. Aber als sie in der Mitte des Sees war, brach das angenagte Ruder entzwei und die Bärin fiel ins Wasser.

Inzwischen hatte der Luchs das Ufer erreicht und

seine richtige Gestalt wieder angenommen. »Beeilt euch!«, rief er den anderen zu. »Die Bärin ist hinter uns her!«

Die Tiere schleppten mühsam den schweren Wärmesack zu dem Loch, das zurück in ihre Welt führte. Wenn einer von ihnen müde wurde, gab er die Last einem anderen weiter.

Inzwischen war die Bärin ihnen schon dicht auf den Fersen und alle großen Tiere waren erschöpft. Aber der Hecht und der Hundshai waren noch nicht müde, und im letzten Moment schafften sie es, den Sack durch das Loch zu befördern, bevor die Zähne der wütenden Bärin nach ihnen schnappten. Und so konnte die ganze Tiergesellschaft sich gerade noch rechtzeitig durch die Öffnung im Himmel in Sicherheit bringen.

Unten in ihrer eigenen Welt rissen sie den Sack auf. Sofort drang die Wärme heraus, breitete sich in alle Richtungen aus, schmolz Eis und Schnee, verdrängte die schwarzen Wolken und ließ die Sonne wieder scheinen.

Ein Märchen der Slavey-Indianer

Etwas Bärenbiologie

Acht verschiedene Arten von echten Bären gibt es auf der ganzen Welt, nur Australien, Afrika und die Antarktis sind völlig bärenfrei.

Der größte und gefährlichste Bär ist der **Eisbär**, der im Schnee und Eis der Arktis lebt, also im Gebiet in der Nähe des Nordpols. Auf der Suche nach Nahrung – er frisst fast nur Robben – wandert er im Jahr tausende von Kilometern weit meist allein durch die riesige, einsame Eiswelt.

Die zweitgrößte Bärenart ist der **Braunbär**, der hauptsächlich im Westen Kanadas und in Alaska seine Heimat hat und den man dort **Grizzly** nennt. Er lebt im Wald, aber auch im offenen Gelände oder im Gebirge oberhalb der Baumgrenze. Er ist unberechenbar und bei Gefahr oft sehr angriffslustig.

Der Grizzly ist kein so guter Kletterer wie der **Amerikanische Schwarzbär**, dessen Junge sich bei Gefahr auf die Bäume retten können. Schwarzbären sind übrigens nicht immer schwarz, wie man vom Namen her glauben könnte. Es gibt auch braune, zimtfarbene oder graue und selbst Geschwister untereinander können ein verschiedenfarbiges Fell haben. Grizzlys und Schwarzbären sind Allesfresser. Sie fressen Gräser, Beeren und Wurzeln, aber auch Käfer, Ameisen und Insektenlarven und – wie wir von Winnie-der-Bär wissen – liebend gern Honig. Je nach Hunger erjagen sie kleinere und größere Tiere, aber sie fressen auch Aas – alles, was ihnen die Natur bietet.

Ein enger Verwandter des amerikanischen Schwarzbären ist der etwas kleinere **Kragenbär**, der in Süd- und Ostasien lebt. Man weiß noch nicht sehr viel über ihn.

Dann gibt es in Südamerika noch den **Brillenbären** und den in den Dschungeln von Indien, Pakistan und Sri Lanka lebenden **Lippenbären**, der hauptsächlich Ameisen und Termiten verspeist, aber auch Obst, Blüten und Honig liebt. Balou, der gemütliche Bär aus dem Dschungelbuch, ist also ein Lippenbär gewesen.

Der kleinste Bär ist der **Malaien-** oder **Sonnenbär**, der in Südostasien lebt und noch wenig erforscht ist. Er ist hauptsächlich nachts unterwegs und deshalb nicht so leicht zu beobachten.

Und dann gibt es natürlich noch den sehr seltenen und scheuen chinesischen **Panda** mit seinem schwarzweißen Fell. Am Tag frisst er fast zwanzig Kilo Bambusstängel und -blätter. Er braucht also große Bambuswälder, um sich ernähren zu können.

Die **Ameisenbären** mit ihren langen dünnen Schnauzen, die niedlichen **Koala-** oder die eifrigen **Waschbären** sind übrigens keine echten Bären – trotz ihres Namens.

Bären gibt es schon seit über 20 Millionen Jahren, wobei die »Urbären«, wie man die ersten uns bekannten Bären nennt, nicht größer waren als ein Foxterrier. Der

Größe und Gewicht der Bären

Großer Panda
Männchen: 100 kg
Weibchen: 80–90 kg

Lippenbär
Männchen: 110 kg
Weibchen: 100 kg

Eisbär
Männchen: 500–600 kg
Weibchen: 350 kg

Malaienbär
Männchen: 50 kg
Weibchen: 40 kg

Braunbär (Grizzly)
Männchen: 450 kg
Weibchen: 300 kg

Kragenbär
Männchen: 110 kg
Weibchen: 70 kg

Schwarzbär
Männchen: 140 kg
Weibchen: 70–80 kg

Brillenbär
Männchen: 150 kg
Weibchen: 110 kg

Europäische Höhlenbär, der vor ungefähr 300 000 Jahren lebte und den die ersten Neandertaler vor 35 000 Jahren jagten, war schon ganz schön groß und es gab eine Menge davon. In einer einzigen Höhle wurden versteinerte Knochen von 30 000 bis 50 000 Tieren gefunden!

Bären sind Säugetiere wie wir Menschen. Wenn ein Bärenjunges auf die Welt kommt, ist es blind, fast nackt und winzig klein. Ein Schwarz- oder Grizzlybärjunges wiegt bei seiner Geburt nur etwa 700 Gramm (ein Menschenjunges dagegen 3000 Gramm oder mehr), aber es wächst sehr schnell. Im Frühjahr kann es schon vor der Höhle, in der es mitten im Winter geboren wurde, herumtollen und die große neue Welt bestaunen. Bären wirken auf uns immer etwas tollpatschig und schwerfällig, aber da sollte man sich nicht täuschen lassen: Über kurze Strecken können sie um einiges schneller laufen als Menschen. Sie sind übrigens »Sohlengänger« wie wir Menschen, d. h., sie laufen auf der ganzen Fußsohle, nicht wie z. B. Hunde oder Katzen, die »Zehengänger« sind.

Weil die Menschen sich immer mehr vermehren und ausbreiten und die Wälder, in denen die Bären hauptsächlich leben, zerstören, sind Bären in vielen Gegenden der Welt vom Aussterben bedroht. Vor allem der sehr selten gewordene Panda ist gefährdet. Es gibt von ihm nur noch etwa 1000 Exemplare! Inzwischen ist in den meisten Ländern die Jagd auf Bären verboten.

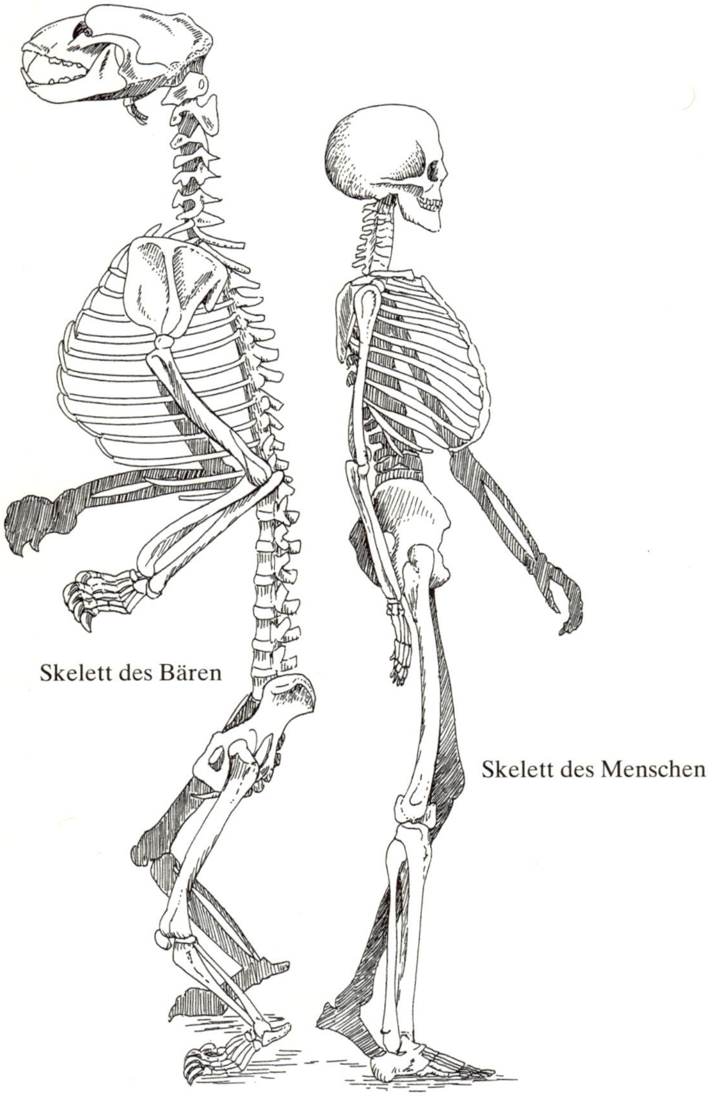
Skelett des Bären
Skelett des Menschen

Doch wir alle müssen uns immer wieder dafür stark machen, dass diese Verbote auch eingehalten werden und die wunderbaren Tiere eine Überlebenschance haben. Wer weiß – vielleicht treffen wir dann einmal auf einen Bären in freier Wildbahn. Wäre das nicht ein tolles Abenteuer?

Susanne Härtel

Wie ähnlich sind sich Mensch und Bär?
Bären sind uns in gewisser Weise ähnlich – vielleicht finden wir sie deshalb so faszinierend. Sie können aufrecht stehen wie wir und in dieser Haltung kurze Strecken laufen. Ihre Augen sind, wie bei uns, nach vorne gerichtet. Zudem weist der Körperbau von Bären und Menschen erstaunliche Ähnlichkeiten auf. Bären sind intelligent und neugierig wie wir Menschen. Sie untersuchen jede mögliche Futterquelle, lernen schnell und haben ein sehr gutes Erinnerungsvermögen.

Der Bär greift an

Der Bär kam nun beinahe jeden Morgen oder Abend. Er schnüffelte und streifte herum, stellte sich auf die Hinterbeine und zerkratzte die hohen Wände des Räucherhauses mit seinen Krallen. Er drehte Sachen um und kletterte auf das Fischrad. Falls er wusste, dass sie in der Nähe waren, zeigte er keine Spur von Furcht. Oder von Neugierde. Aber Starker-Sohn und Schwester konnten vor Angst nachts kaum mehr schlafen. Manchmal schliefen sie tagsüber, immer abwechselnd.

Starker-Sohn fand, dass Schwesters Gesicht klein und dünn aussah. Unter den Augen hatte sie dunkle Ringe.

Das Komische war, dass sie nicht mehr solche Angst wie am Anfang hatten. Wenn der Bär im Lager war, beobachteten sie ihn ganz genau, aber sie hatten sich an sein Verhalten gewöhnt. Er wollte einfach um das Lager herumschnüffeln.

Wie ein unartiges kleines Kind oder ein junger Hund war er.

Die Kartoffeln waren beinahe aufgebraucht. Keiner von beiden sprach darüber, was sie tun würden, wenn keine mehr da waren.

Schwester erzählte Starker-Sohn jede Nacht eine Geschichte, und manchmal wollte er auch tagsüber, wenn sie in der Hütte waren, eine hören. Langsam erschien es Schwester, als würde sie den ganzen Tag nur erzählen. Sie erzählte alle Geschichten, die sie aus der Schule kannte, und alle Kinofilme, die sie im Gemeindesaal gesehen hatte. Ein paar Geschichten dachte sie sich aus. Aber wenn Starker-Sohn merkte, dass eine Geschichte von ihr war, wollte er immer, dass irgendwelche Dinge verändert wurden und dass sie anders ausging.

An einem Morgen wurde Starker-Sohn in aller Frühe hellwach. Als er Töle hörte, wusste er, dass der Bär da war. Am liebsten wäre Starker-Sohn nicht aufgestanden, aber dann hörte er plötzlich, dass Töle anders als sonst winselte.

Schnell lief Starker-Sohn zum Fenster. Er sah den Bären auf die Hütte zukommen. Ganz ruhig kam er daher, als wäre nichts in seinem Weg, als gebe es keine Hütte, sondern nur Luft.

Starker-Sohn starrte den Bären an und vergaß sogar, das Gewehr zu holen. Töle heulte nun wie verrückt und kratzte wild an der Tür.

Schwester wachte auf. »Töle«, flüsterte sie, »er wird Töle umbringen!«

Sie wussten nicht, was sie tun sollten.

Es ist wie in einem Traum, dachte Starker-Sohn. Man will laufen, aber die Füße rühren sich einfach nicht. Oder man will schreien und kein Ton kommt aus der Kehle.

Der Bär schwenkte um und trottete zur Rückseite der Hütte, wo sie ihn nicht mehr sehen konnten. Aber sie hörten, wie er draußen herumschnüffelte. Fast war es, als könnten sie seinen heißen Atem durch die Ritzen der Holzwände spüren. Der Bär hielt inne und begann sich zu putzen. Die lauten Schmatzer und Schlürfer, die er dabei von sich gab, waren noch angsterregender, als es ein Knurren gewesen wäre. Dann sahen sie sein Gesicht.

Der Bär blickte durch das Fenster zu ihnen herein. Bewegungslos standen sie da. Sie rührten sich nicht und starrten in die kleinen bösen Augen des Bären. Er stellte sich auf die Hinterbeine und schnüffelte am Dach herum. Dann ließ er sich wieder auf alle viere fallen und verschwand aus der Sicht.

Nach ein paar Minuten sahen sie, wie er in den Wald trottete.

Noch immer heulte Töle vor der Tür und Schwester machte sie eilig auf. Dieses Mal gab es kein lautes Gebell. Töle kroch unter das Bett und gab keinen Ton mehr von sich.

Starker-Sohns Beine begannen plötzlich zu zittern. Er ließ sich am Tisch auf einen Stuhl fallen und versuchte, das Zittern zu unterdrücken. Schwester lief zum Bett und verkroch sich in ihrem Schlafsack. Es schüttelte sie am ganzen Körper.

»Starker-Sohn, hast du seine bösen Augen gesehen?«, flüsterte sie nach einiger Zeit. Und dann, viel später, fragte sie: »Meinst du, dass er das Fenster zerbrechen könnte?«

»Red doch nicht so einen Unsinn«, schimpfte Starker-Sohn. »Der kann doch kein Fenster zerbrechen!« Aber er wusste, dass er es konnte.

Am nächsten Tag war der Bär in der Frühe wieder da. Sie wachten erst auf, als er schon am Fenster stand und seine braune Schnauze gegen das Glas presste. Starker-Sohn schlüpfte aus dem Bett und nahm das Gewehr vom Haken.

Der Bär stieß eine Pfote durch das Fenster. Die Glassplitter flogen durch das Zimmer bis zum Bett. Schwester begann zu schreien. Sie schrie und schrie und dann schoss Starker-Sohn genau durch das Fenster. Ob er den Bären getroffen hatte, konnte er nicht sehen. Der Rückstoß des Gewehrs riss ihn zu Boden. Vom Lärm des Schusses in der kleinen Hütte dröhnten ihm die Ohren.

Er stand auf und schlich zum Fenster. Der Bär humpelte von der Hütte weg. Starker-Sohn wusste, dass er ihn töten musste. Jeder wusste, wie gefährlich ein verletzter Bär war. Er lud das Gewehr wieder und schoss und schoss. Dabei stellte er sich so breitbeinig hin, dass der Rückstoß ihn nicht mehr umwarf, obwohl seine Schulter wie von einem Presslufthammer gebeutelt wurde.

Der Bär kroch noch immer weiter, aber als Starker-

Sohn wieder schießen wollte, machte es nur noch Klick. Keine Munition mehr. Das Gewehr war leer.

Vorsichtig legte er es auf den Tisch und wischte sich über die schweißnasse Oberlippe. Schwester lag schluchzend auf dem Bett.

Durch das zerbrochene Fenster starrte Starker-Sohn auf den Bären, und während er ihn so anstarrte, hörte er, wie die Raben krächzten. Der Bär war genau am Waldrand zusammengebrochen. Das Gebüsch verdeckte ihn beinahe, aber Starker-Sohn konnte den Rumpf und ein Hinterbein sehen. Er rührte sich nicht. Starker-Sohn konnte keinen klaren Gedanken fassen, aber ihm war, als könnte er den Bären auf den Fleck bannen, wenn er seine Augen nicht von ihm wendete. Starrte er ihn nur fest genug an, dann würde der Bär nie wieder aufstehen. Auf Schwesters Schluchzen achtete Starker-Sohn nicht.

Er ließ den Bären nicht aus dem Blick. Die Raben hörten nicht auf zu kreischen, so aufgeregt waren sie von den Schüssen.

Schließlich taten ihm Augen und Kopf weh, und er nahm auch endlich den Schmerz in der Hand und in der Schulter wahr, den der Rückstoß des Gewehrs verursacht hatte. Er wusste nicht, wie lange er den Bären beobachtet hatte, aber dann fühlte er Schwesters Hand auf seinem Arm. Gemeinsam betrachteten sie den Bären.

Schließlich fragte Schwester: »Ist er tot?«

»Ich weiß nicht«, antwortete Starker-Sohn. Er sah ihr ins Gesicht. »Ich habe keine Patronen mehr.«

Einen Augenblick blieb Schwester stumm. »Wahrscheinlich ist er tot«, sagte sie dann.

Mittlerweile hatten sie sich so weit beruhigt, dass sie sich wieder an den Tisch setzen konnten. Lange Stunden beobachteten sie von dort den Bären, der sich nicht mehr rührte. Als sie sahen, wie ein Rabe auf ihm landete, wussten sie, dass es stimmte: Der Bär war tot.

Kirkpatrick Hill

Einen Bären schlägt man nicht mit einem Strohhalm.
Sprichwort aus Deutschland

Bärenfang

Ein Him- und ein Johannisbär,
die gingen Schritt für Schritt,
und noch ein Brombär hinterher
und sonst ging keiner mit.

Doch waren diese drei dann bald
um einen Bären mehr,
es kam aus dunklem Tannenwald
ein großer Preiselbär.

Ein Erd- und auch ein Stachelbär,
die reihten sich mit ein,
dann kam ein Blaubär an und der
war nun nicht mehr allein.

Nur einer fehlte allen sehr,
er wurde nicht gefunden,
denn dieser selten schöne Bär
wird Leuten aufgebunden!

Evelyn B. Hardey

Wie der Koalabär wieder lachen lernte

In Australien gab es so viele Schafe wie sonst nirgendwo auf der Welt.

Da wohnte auf einer kleinen Farm, nicht weitab vom Wald, ein Schafzüchter. Er lebte davon, dass er die Wolle seiner Tiere verkaufte. Er hatte eine Tochter, die Mary hieß, und einen Hund, den hatte Mary Bingo getauft.

Eines Tages fand Marys Vater einen jungen Koalabären im Wald. Der kleine Koalabär war so traurig, dass Marys Vater ihn nicht mehr allein lassen mochte. Ich nehme ihn mit, dachte er, Mary macht ihn bestimmt wieder froh.

Mary war auch gleich aus dem Häuschen, als sie den Koalabären erblickte.

»Schluss mit den langweiligen Puppen!«, schrie sie. »Jetzt habe ich einen Teddybären, der lebt!«

Doch es war seltsam mit dem kleinen Koalabären.

Ob Mary ihn aufs Schaukelpferd setzte, ob sie ihm den Ball hinkullerte, den Baukasten auskippte vor ihm oder mit ihm in die Schafbuchten ging: Der kleine Koalabär blieb so traurig, wie er war.

Da wurde auch Mary ganz traurig.

Vielleicht hat er Hunger, dachte sie. Aber der kleine Koalabär aß nichts.

Vielleicht hat er Durst, dachte Mary. Aber Durst hatte der kleine Koalabär auch nicht. Und im Puppenwagen zu schlafen machte ihm auch keinen Spaß.

Vielleicht ist er krank, dachte Mary. Aber der kleine Koalabär wollte keine Wärmflasche haben und einen kalten Wadenwickel schon gar nicht.

Ich muss nachdenken, sagte sich Mary. Für jede Traurigkeit gibt es ein Kraut. Sie dachte so lange nach, bis ihr der Kopf brummte. Dann hatte sie es: »Es gefällt ihm hier nicht«, sagte sie, »er ist die Freiheit gewohnt.« Und sie nahm ihn auf den Arm und ging mit ihm in die Buschsteppe hinaus.

Da kam ein Känguru angehüpft. Es hatte eine Felltasche vorm Bauch, aus der sah ein Kleines heraus.

»Ist das nicht lustig?«, fragte Mary ihren Koalabär-Freund. Nein, lustig fand der das nicht.

Als sie noch so umherspazierten, blickte auf einmal ein Vogel über die Büsche hinweg, der war so groß wie ein Mann. »Ein Emu!«, schrie Mary erschrocken. »Wenn der Junge hat, greift er uns an!« Und so schnell sie konnten, rannten sie weiter zum Wald.

Da fühlte der kleine Koalabär sich nun wenigstens wieder zu Hause. Froh allerdings war er deshalb noch lange nicht.

Und noch einer hörte hier, im dichten Wald, plötzlich auf, unternehmungslustig und ausgelassen zu sein. Das war Bingo. Er klemmte den Schwanz zwischen die Beine und kehrte um.

Dafür pflückte der kleine Koalabär sich aber jetzt endlich mal ein paar Blätter vom Baum. Mary freute sich schon.

Doch der kleine Koalabär kaute nur traurig auf den Blättern herum.

Sie waren jetzt doch allmählich ein bisschen müde geworden. Als sie sich eben etwas hingesetzt hatten, zischte sie auf einmal eine wütende Kragenechse an. Entsetzt duckten sie sich hinter einen Stein. Der kleine Koalabär zitterte am ganzen Leib.

Ich werde ihm die gemütlichen Wasserbüffel zeigen, dachte Mary, da beruhigt er sich wieder. Der kleine Koalabär sah sich die Wasserbüffel auch an. Aber sie waren zu groß, um einem so kleinen Bären Freude zu machen, und betrübt ging Mary weiter mit ihm.

Da machte plötzlich ein fröhliches Kuskus Männchen vor ihnen. »Nun sieh doch nur, wie es lacht«, sagte Mary. »Bestimmt will es mit dir spielen.«

Der kleine Koalabär jedoch sah das Kuskus nur ernst und nachdenklich an.

»Jetzt habe ich eine Idee«, sagte Mary, als sie an ein Seeufer kamen. »Jetzt zeig ich dir das lustigste Tier, das es gibt. Es hat ein Fell und es legt Eier. Es hat einen Schnabel und Krallen! Da! Da kommt es geschwommen!« Und schnaufend paddelte das Schnabeltier unter ihnen vorbei. Der kleine Koalabär blickte gar nicht erst hin. Er hatte sein trauriges Spiegelbild im Wasser entdeckt. Das seufzte er an.

Mein Gott, dachte Mary, wie schwer ist es doch, einen traurigen Freund wieder fröhlich zu machen!

Sie liefen weiter bis dorthin, wo es das Beutel-Eichhörnchen gab. Ein Eichhörnchen, das durch die Luft fliegen konnte! Das machte doch bestimmt selbst den Traurigsten froh. Und schon kam auch eins angeschwebt und segelte auf seinen ausgespannten Fallschirmhäuten dicht über sie hin. Erschrocken zuckte der kleine Koalabär zusammen.

Nun wusste Mary aber wirklich nicht mehr, wo sie anfangen sollte. So viele lustige Tiere hatte sie ihrem Freund, dem kleinen Koalabären, gezeigt und noch nicht mal gelächelt hatte er auch nur über eins. Was konnte man denn nur gegen eine solche Traurigkeit tun? Mary grübelte und grübelte, während sie weitergingen, aber ihr fiel nichts mehr ein. Sie war schließlich schon ganz verzweifelt darüber. Ich versteh das gar nicht, dachte sie. Für jede Traurigkeit gibt's doch ein Kraut! Wieso gibt's dann keines für diese?

Sie war so in Gedanken versunken, dass sie auf den kleinen Koalabären gar nicht mehr richtig aufgepasst hatte. Als sie ihn eben wieder ein bisschen auf den Arm nehmen wollte, da merkte sie plötzlich: Ihr Freund war verschwunden. Erschrocken drehte Mary sich um. Dort stand der Kleine und blickte angestrengt in die Baumwipfel hinauf. Blinzelnd hob Mary den Kopf.

Und ob man es glaubt oder nicht: Ein dicker, runder Koalabär saß dort hoch im Geäst und lächelte freund-

lich auf den kleinen Koalabären herab. Und jetzt geschah das Wunder: Der kleine Koalabär lachte auf einmal übers ganze Gesicht.

Und noch ehe Mary es richtig begriff, hatte die Koalabär-Mutter ihr verloren gegangenes Junges huckepack genommen und war auch schon zwischen den Blättern verschwunden.

So traurig wie jetzt war Mary noch nie gewesen. Da habe ich mir solche Mühe gemacht, dachte sie, und nun bleibt er einfach bei seiner Mutter im Wald! Aber war denn nicht auch Mary sonst immer beim Vater geblieben? Doch, doch, dagegen ließ sich nichts sagen.

Und als er sie dann zusammen mit Bingo zu Hause begrüßte, da war sie auf einmal wieder froh. Schließlich, wie durfte sie denn auch traurig sein, wenn der kleine Koalabär jetzt wieder lachte?

Marina & Wolfdietrich Schnurre

Zu dick und zu schwer

Fuchs, Hase und Bär sollen zum Militär und wurden zur Musterung bestellt. Alle drei haben keine Lust, Soldat zu werden, und überlegen sich im Wartezimmer des Amtsarztes, wie sie es anstellen könnten, untauglich geschrieben zu werden.

Plötzlich greift der Fuchs nach einer Schere und schneidet sich seinen Schwanz ab. »Besser ohne meinen schönen langen Schwanz, als Soldat zu werden«, sagt er und geht rein zum Amtsarzt.

Als er wieder rauskommt, fragen Hase und Bär: »Und, hat's geklappt?«

»Ja«, sagt der Fuchs. »Ohne Schwanz – untauglich.«

Da greift der Hase beherzt zur Schere und schneidet sich die Ohren ab. »Besser ohne meine schönen langen Ohren, als Soldat zu werden«, sagt er und geht rein zum Amtsarzt.

Als er wieder rauskommt, fragen Fuchs und Bär: »Und, hat's geklappt?«

»Ja«, sagt der Hase. »Ohne Ohren – untauglich.«

Der Bär überlegt hin und her, was er denn machen könnte.

Da ihm nichts Besseres einfällt, schlägt er sich mit seiner schweren Pranke die Zähne ein. »Beffer keine Fähne alf Foldat«, nuschelt er und geht rein zum Amtsarzt.

Als er wieder rauskommt, fragen Fuchs und Hase: »Und, hat's geklappt?«

»Ja«, sagt der Bär. »Fu dick und fu schwer.«

Aus der Witzkiste

Bis man über die Brücke ist, muss man zum Bären Onkel sagen.
Sprichwort aus der Türkei

Der Tanzbär

Ein Tanzbär war der Kett entrissen,
Kam wieder in den Wald zurück
Und tanzte seiner Schar ein Meisterstück
Auf den gewohnten Hinterfüßen.
»Seht«, schrie er, »das ist Kunst;
Das lernt man in der Welt!
Tut mir es nach, wenn's euch gefällt
Und wenn ihr könnt!« –
»Geh«, brummt ein alter Bär,
»Dergleichen Kunst, sie sei so schwer,
Sie sei, so rar sie sei,
Zeigt deinen niedern Geist
Und deine Sklaverei!«

Gotthold Ephraim Lessing

Appetit

Es tut der Bär
als ob nichts wär
Jedoch
er hat den
Magen leer
Was eignet sich
für den Verzehr?
Jägerschnitzel
bitte sehr

Jürgen Spohn

Der Bärenberg

Es war der Monat der Wechselnden Farben. Die Tage waren hell und warm.

Chano war aufgeregt. Seine Eltern hatten beschlossen, die Verwandten seiner Mutter zu besuchen. Chano hatte gehört, wie sie bis tief in die Nacht hinein darüber gesprochen hatten. Er hoffte, dass er diesmal mitdurfte. Seine Mutter kam aus dem Stamm der *Hunk-Papa*, der jetzt am Pulver-Fluss in Montana lebte. Vielleicht lernte er dort Sitting Bull kennen, der ein Neffe seiner Mutter war und von dem Chano schon viele großartige Geschichten gehört hatte.

Am nächsten Tag beschlossen seine Eltern, Chano auf die gefährliche Reise mitzunehmen. Es war ein weiter Weg, der um die Schwarzen Berge, um die *Paha-sapa*, herumführte. Und sie mussten ihn so schnell wie nur möglich zurücklegen, damit sie wieder zurück waren, ehe der Winter einbrach.

Chano packte seine Sachen in einen Lederbeutel, sagte allen seinen Freunden auf Wiedersehen und kümmerte sich um sein Pony.

Seine Eltern waren den ganzen Tag damit beschäftigt, Proviant und Kleidung einzupacken und den Reiseweg zu planen.

Früh am nächsten Morgen, noch vor Tagesanbruch, rannte Chano hinunter zum Fluss, wusch sich im kalten, klaren Wasser und lief wieder zurück zum Zelt, um mit seinen Eltern die erste Mahlzeit des Tages einzunehmen.

Vor Sonnenaufgang waren sie schon viele Meilen weit geritten. Sie konnten die Tipis längst nicht mehr sehen, als sich der Feuerball über den Horizont schob.

Die Ponys liefen in gleichmäßigem Trab, schnell genug, um gut voranzukommen, und doch langsam genug, dass die Reiter die Schönheit rundum genießen konnten. Sie kamen an mehreren Siedlungen von Präriehunden vorbei, und sie lachten alle drei darüber, wie die Tierchen vor dem Eingang zu ihrem Bau saßen und dabei wie kleine alte Männer ausschauten.

Der Vater erklärte Chano, wie die Präriehunde sich in Höhlen im Boden eingruben und darin hausten; oft teilten sie ihren Bau mit einer Eule.

Die Ponys passten gut auf, damit sie nicht in solch ein Präriehundloch traten und stolperten. Doch plötzlich scheute Chanos Pony. Genau vor ihm hatte sich eine große Klapperschlange zusammengerollt. Chano klopfte seinem Pony den Hals, hielt es einen Augenblick zurück, und als die Schlange merkte, dass sie nicht angegriffen wurde, streckte sie sich wieder aus und glitt weiter.

Am späten Nachmittag bot sich Chano plötzlich ein seltsamer Anblick. Ein einzelner Berg ragte abrupt aus der Prärie auf. Eigentlich war es eher ein Bergstumpf, fast vollkommen kreisrund und oben genauso flach wie

die Prärie. Die Seiten waren sehr steil und zeigten von oben bis unten lange schwarze Striche. Als sie näher heranritten, erkannte Chano, dass diese Striche in Wirklichkeit tiefe Furchen waren, die wie Kratzer in den Hügelflanken aussahen. Es war wirklich ein seltsamer Hügel und Chano fragte seinen Vater danach.

»Das ist der *Mato Tipi*, der Bärenberg«, antwortete Tasinagi. »Vielleicht erzählt dir deine Mutter seine Geschichte.«

Tahcawin gab Chano ein Zeichen, neben ihr zu reiten, wenn er die Geschichte hören wollte. Chano lenkte sein Pony zu ihr hinüber und hörte ihr zu:

»Vor langer Zeit lagerte einmal ein Stamm der Kakotas in der Nähe der Schwarzen Berge, den *Paha-sapa*. Eines Tages machte sich ein Bub mit seiner Schwester auf zum Beerensuchen, und dabei gingen die beiden Kinder immer weiter und weiter und achteten nicht darauf, wie weit vom Lager sie schon entfernt waren.

Plötzlich hörten sie ein tiefes Brummen hinter sich. Ein riesiger Bär war hinter ihnen her, und erst jetzt bemerkten die Kinder, dass die Zelte nicht mehr zu sehen waren. Sie waren ganz allein auf der Prärie.

Sie hatten auch keine Waffen, und es blieb ihnen gar nichts anderes übrig, als davonzulaufen. Als der Bär sie fliehen sah, rannte er natürlich hinter ihnen her und dabei brummte er noch schlimmer als zuvor.

Die armen Kinder rannten vor Angst schneller als je-

mals zuvor, aber trotz aller Anstrengung kam der Bär doch immer näher. Als sie merkten, dass sie ihm nicht entkommen konnten, blieben die Kinder stehen und drehten sich zu ihrem Verfolger um. Wenn sie schon sterben mussten, dann wollten sie wenigstens wie tapfere Krieger sterben, das Gesicht dem Feind zugewandt.

Als der Bär das sah, blieb er ebenfalls stehen. Er richtete sich auf den Hinterläufen auf und beobachtete sie drohend.

Da sagte das kleine Mädchen zu seinem Bruder: ›Bruder, wir sollten Wakan-tanka rufen, das Große Geheimnis. Es hilft uns bestimmt.‹ Und die beiden Kinder hoben die Arme zum Himmel und baten Wakan-tanka, ihnen doch zu helfen.

Da geschah etwas Seltsames. Der Boden, auf dem die Kinder standen, hob sich, und als der verblüffte Bär angreifen wollte, da waren die beiden in Sicherheit hoch oben auf einem steilen Hügel.

Der Bär war sehr wütend, und er versuchte immer wieder, an den steilen Hängen hochzuklettern. Immer wieder lief er ein Stück zurück und nahm einen ordentlichen Anlauf, aber er hat es nie geschafft hinaufzukommen. Jedes Mal rutschte er wieder herunter, und dabei hinterließen seine großen, scharfen Klauen diese Kratzer, die du da siehst. Der Bär versuchte es rund um den ganzen Hügel herum, bis er nicht mehr konnte vor Müdigkeit. Er war so erschöpft, dass er sich nicht mehr rühren konnte, und so ist er am Fuß des Hügels verhungert und verdurstet.

Der Bub und das Mädchen wohnten ihr ganzes Leben lang auf dem Hügel, und später, als sie gestorben waren, haben oft Reisende, die hier vorbeiritten, ihre Geister gesehen. Manche Leute glauben vielleicht, dass sie nur ein paar flockige weiße Wolken gesehen haben, aber die Weisen wissen, dass das die beiden Kinder sind, die dort tanzen und spielen. Und im Sommer, wenn der Donner grollt, sagen die Leute: Der Bär brummt.«

Als Chanos Mutter die Geschichte fertig erzählt hatte, waren sie bereits nahe an den Hügel herangekommen. Es wurde schon spät, und Chanos Vater beschloss, hier das Nachtlager aufzuschlagen.

In der Nacht wachte Chano ein paar Mal auf. Er war sicher, dass er den Bären brummen hörte. Einmal schaute er auf und sah im Sternenlicht zwei kleine Wolken hoch über sich. Er wusste, dass das die Geister der beiden Kinder waren und dass sie ihn beschützten, und so schlief er beruhigt wieder ein.

Rosebud Yellow Robe

Der Bärenführer

Ein Bärenführer ist ein Mann,
der einen Bären führen kann.

Wem es an dieser Kunst gebricht,
der führt den Bären besser nicht.

Sonst wird er unterwegs zumeist
vom Bären, den er führt, verspeist.

Dasselbe gilt auch für den Panther,
nur schreitet der viel eleganter.

Drum wollen wir zusammenfassen:
Wer es nicht kann, soll's lieber lassen!

Richard Bletschacher

Das Eisbärenlied

Es ist spät am Nachmittag. Die Besucher haben den Zoo verlassen. Im Tierpark wird es still. Im Eisbärengehege hört man keinen Laut.

Ein Eisbär liegt müde auf der Felsenplatte und betrachtet nachdenklich seine langen Krallen. Zählt er noch einmal die Zoobesucher, die heute zu ihm gekommen sind? Oder fragt er sich: »Wozu brauche ich hier lange Krallen?«

Zwei Eisbären nehmen ein leises und langes Gutenachtbad. Sie planschen nicht. Sie wollen nicht stören.

Ein Eisbärenjunges liegt neben der Mutter. Es möchte noch wach bleiben. Aber die Augen fallen ihm immer wieder zu.

Das Eisbärenweibchen wiegt ihr kleinstes Kind in den Schlaf und summt dazu ein Schlaflied. Es erzählt von den eiszackigen Eisbergen und dem eiskalten Eismeer, von der eisklaren Polarnacht und von den Eskimos in warmen Pelzen, vom lustigen Fischfang und von der wilden Robbenjagd. Ganz leise summt die Eisbärenmutter das uralte Lied. Sie lächelt und schließt die Augen und träumt.

Alfons Schweiggert

Die Mutprobe

Ein anderes Beispiel eines unklugen Angriffs gegen einen Bären wurde vom Kapitän Munroe mitgeteilt, dessen Schiff im grönländischen Meere vor Anker lag. Einer von der Mannschaft des Schiffes, welcher aus einer Rumflasche wohl gerade besonderen Mut sich geholt haben mochte, machte sich anheischig, einem in der Nähe des Schiffes erschienenen Bären nachzusetzen. Bloß mit einer Walfischlanze bewaffnet, ging er zu seiner abenteuerlichen Unternehmung aus. Ein beschwerlicher Weg von ungefähr einer halben Stunde über lockeren Schnee und schroffe Eisblöcke brachte ihn in unmittelbare Nähe seines Feindes, welcher zu seinem Erstaunen ihn unerschrocken anblickte und zum Kampfe herauszufordern schien.

Sein Mut hatte unterdessen sehr abgenommen, teils weil der Geist des Rums unterwegs verdunstet war, teils weil der Bär nicht nur keine Furcht verriet, sondern selbst eine drohende Miene annahm.

Unser Matrose hielt daher an und schwang seine Lanze ein paar Mal hin und her, so dass man nicht recht wusste, ob er angreifen oder sich verteidigen wollte. Der Bär stand auch still. Vergebens suchte der Abenteurer sich ein Herz zu fassen, um den Angriff zu beginnen: Sein Gegner war zu furchtbar und sein Ansehen zu schrecklich. Vergebens fing er an, ihn durch Schreien

und mit der Lanze zu bedrohen: Der Feind verstand dies entweder nicht oder verachtete solche leere Drohungen und blieb hartnäckig auf seinem Platze. Schon fingen die Knie des armen Teufels an zu wanken und die Lanze zitterte in seiner Hand; aber die Furcht, von seinen Kameraden ausgelacht zu werden, hatte noch einigen Einfluss auf ihn: Er wagte nicht zurückzugehen.

Der Eisbär hingegen begann mit der verwegensten Dreistigkeit vorzurücken! Seine Annäherung und sein ungeschlachtes Wesen löschten den letzten noch glimmenden Funken von Mut bei dem Matrosen aus; er wandte sich um und floh.

Der Bär holte den Flüchtling bald ein. Dieser warf die Lanze, sein einziges Verteidigungsmittel, weil sie ihn im Laufe beschwerte, von sich und lief weiter. Glücklicherweise zog die Waffe die Aufmerksamkeit des Bären auf sich; er stutzte, betastete sie mit seinen Pfoten, biss hinein und setzte erst hierauf seine Verfolgung fort. Schon war er dem keuchenden Schiffer auf den Fersen, als dieser in der Hoffnung einer ähnlichen Wirkung, wie die Lanze sie gehabt hatte, einen Handschuh fallen ließ. Die List gelang, und während der Bär wieder stehen blieb, um diesen zu untersuchen, gewann der Flüchtling einen guten Vorsprung.

Der Bär setzte ihm von neuem mit der drohendsten Beharrlichkeit nach, obgleich er noch einmal durch den anderen Handschuh und zuletzt durch den Hut aufgehalten wurde, würde ihn auch ohne Zweifel zu seinem Schlachtopfer gemacht haben, wenn nicht die anderen Matrosen, als sie sahen, dass die Sache eine so ernste Wendung genommen hatte, zu seiner Rettung herbeigeeilt wären. Die kleine Phalanx öffnete dem Freunde einen Durchgang und schloss sich dann wieder, um den verwegenen Feind zu empfangen. Dieser fand jedoch unter so veränderten Umständen nicht für gut, den Angriff zu unternehmen, stand still, schien einen Augenblick zu überlegen, was zu tun wäre, und trat dann einen ehrenvollen Rückzug an.

Alfred Brehm

Statt dem Bären zu begegnen, ist es besser, um den Busch herum zu gehen.
Sprichwort aus der Türkei

Zwei Kameraden

Zwei Männer gingen durch den Wald, als ihnen plötzlich ein Bär begegnete. Der eine lief davon, kletterte auf einen Baum und versteckte sich, der andere blieb auf dem Wege. Da er nichts weiter tun konnte, legte er sich hin und stellte sich tot.

Der Bär kam auf ihn zu und beschnupperte ihn. Der Mann hielt den Atem an.

Der Bär beroch sein Gesicht, glaubte, dass der Mann tot sei, und ging davon.

Als der Bär fort war, kam der andere Mann vom Baum herunter und fragte lachend: »Na, was hat dir denn der Bär ins Ohr geflüstert?«

»Er sagte mir, dass alle Menschen schlecht seien, die den Kameraden in der Gefahr verlassen.«

L. N. Tolstoj

Die Jagd

Es herrschte große Stille im Wald. Von einer Lärche in Grischkas Nähe ließ sich ein Marder am Stamm herab, fiel in den Schnee und überschlug sich. Dann machte er Männchen, putzte sich sein braunes Fell, das an der Kehle orangefarben war, und verschwand wieder mit ein paar großen Sätzen.

Ein anderer Marder jagte hinterher. Schnee stäubte zwischen den Stämmen auf.

Grischka kaute an einem Hirsefladen – doch mit einem Male blieb ihm der Bissen im Hals stecken und sein Herz schlug aufgeregt: ein Bär!

Zwischen den Bäumen, kaum zwei Pfeilschusslängen entfernt, konnte er auf der hellen Fläche des grauen Schnees ganz deutlich einen Bären sehen. Grischka sprang auf, um die Männer zu alarmieren; er sah nach ihnen – aber in diesem Augenblick standen sie gerade alle auf. Unbeweglich standen sie im Halbkreis mit herabhängenden Armen um den alten Kia, so wie sie es jeden Tag beim Aufgang der Sonne taten. Da legte auch Grischka geschwind den Bogen zu seinen Füßen nieder und, unbeweglich stehen bleibend, grüßte er den neuen Tag.

Ein leichter auffrischender Wind war aufgekommen; er schüttelte den Reif von den Ästen und brachte die Witterung des Bären zu den Hunden. Wie toll geworden, zerrten sie an ihren Leinen und versuchten, mit den Pfoten die Knebel von den Schnauzen zu streifen.

Nun ergriff alle Männer das Jagdfieber; sie rissen den Hunden die Knebel weg, lösten die Leinen und hetzten die Tiere auf das Wild. Plötzlich ertönte der vorher so stille Wald von wildem Geschrei und Gebell.

Grischka griff nach Pfeil und Bogen, ließ seine Jagdtasche liegen und stürzte in die Richtung des Waldes, wo er den Bären hatte auftauchen und wieder verschwinden sehen.

Das tolle Gebell der Hunde klang schon fern zwischen den Stämmen; sie hatten die Bärenspur noch nicht gefunden und tobten kläffend und aufgeregt hin und her.

Die Männer schrien »Joo! Jooo!«, um sie aufzuhetzen und anzuspornen.

Grischka rannte noch immer; er stolperte über eine Wurzel, fiel aufs Gesicht in den Schnee, stand aber sogleich wieder auf. Wo war der Bär? Grischka musste erst wieder Atem holen. Der Bär war nicht zu sehen; wahrscheinlich war er durch die Hunde erschreckt worden und geflohen.

Aber wo waren seine Spuren?

Hier – an dieser Stelle hatte das Tier den Schnee zertrampelt, hier hatte es sich gedreht und das Weite gesucht. Es musste ein ungeheuer großes Tier sein – die Abdrücke seiner Tatzen waren breit und tief.

Grischka sah sich um – und mit einem Male erblick-

te er das Tier, kaum hundert Schritte entfernt. Es stand und schien auf das Hundegebell zu lauschen.

Die Meute hatte eine andere Richtung eingeschlagen; nun aber näherte sie sich. Sie brach durch das Zwergbirkengebüsch, den Schnee hoch aufwirbelnd und bellend wie Höllenhunde stürmte sie einher. Die Jäger waren noch nicht zu sehen; sie hatten den Hunden nicht folgen können.

Warum floh der Bär aber nicht? Warum richtete er sich nur auf seinen Hinterfüßen hoch auf und schlug sich mit den Vordertatzen auf die breite Brust? Er könnte doch noch fliehen und den Wurfspeeren entgehen!

Grischka war aufs Höchste erstaunt und ließ das Tier nicht aus den Augen – und plötzlich erkannte er, warum der Bär nicht die Flucht ergriff: Es war eine Bärenmutter!

Zu Füßen des riesenhaften Tieres bemerkte Grischka im Schnee eine kleine braune Wollkugel: einen jungen Bären.

Die Hunde näherten sich; die ersten erschienen schon mit heraushängender Zunge und weit aufgerissenem Maul, so dass man ihre spitzen Zähne sehen konnte.

Nun standen sie in nächster Nähe des Bären und setzten nach kurzem Zögern zum Angriff an.

Mit offenem Munde starrte Grischka – und was er sah, sollte er niemals wieder vergessen.

Die Bärin sah sich verfolgt und eingekreist – sie

musste den Kampf annehmen. Doch der Mutterinstinkt befahl dem Tier, das Leben ihres kleinen Bären zu retten.

Grischka sah, wie sich das Tier blitzschnell zur Erde beugte, mit der Schnauze durch den Schnee fuhr und das Kleine ins Maul nahm. Es war höchste Zeit – gleich würde der vorderste Hund zubeißen.

Wie hochgerissen stand das Tier mit einem Male auf seinen Hinterfüßen, das Kleine im Maul. Mit gestrecktem Hals und ausgebreiteten Vordertatzen drehte sich das Muttertier und schleuderte mit einer mächtigen Wendung und Drehung des Kopfes sein kostbares Bündel, den kleinen Bären, weit hinaus.

Grischka sah, wie die kleine braune Pelzkugel durch die Luft wirbelte. Wie durch ein Wunder flog sie zwischen den Stämmen hindurch; wäre sie an einen Baumstamm gestoßen, so wäre sie unweigerlich zerschmettert worden. Nun fiel sie in den Schnee, drehte sich ein paar Mal um sich selbst und rollte den Abhang hinunter, der hier ziemlich steil zu der Schlucht abfiel, an der entlang Grischka hergekommen war.

Die Bärin bot den angreifenden Hunden die volle Front; sie ließ ein wildes Brummen hören. Die wild gewordene Meute stürzte von allen Seiten auf das Tier, verbiss sich in seine Tatzen, seinen Rücken, den Bauch. Lange konnte die Bärin den Angriff nicht aushalten; sie wehrte sich verzweifelt und versuchte, die Tiere von sich abzuschütteln; aber einige hatten sich so fest in

ihrem Pelz verbissen, dass sie herumgeschleudert wurden, jedoch nicht abfielen.

Mit ihren Krallen gelang es der Bärin, einigen den Leib aufzureißen; blutend fielen sie in den Schnee. Andere hatten das Blut der Bärin geleckt und griffen nur noch wütender und gieriger an.

Nun flogen sausend einige Speere heran, denn die Jäger kamen jetzt näher, um die Bärin zu töten.

Grischka sah es nicht mehr; als die Bärin umsank, war er schon auf die Schlucht zugegangen. Er hatte nur einen einzigen Gedanken: den kleinen Bären finden. Der Abhang war sehr steil, fast senkrecht ging es in die Tiefe. Er hielt sich an Gebüsch und Zweigen und rutschte auf dem Schnee hinab.

Der kleine Bär war ja, wie von einer Schleuder geschnellt, auf den Abhang geprallt; er konnte verletzt sein! Grischka suchte lange und ging den ganzen Grund der Schlucht ab. Er blickte in jede Vertiefung und hinter jeden Felsen, wo er den kleinen Bären vermuten konnte. Aber er fand nicht einmal seine Spur.

Schließlich kam er an eine Spalte im Gestein, die er nicht gesehen hatte. Beinahe wäre er hineingestürzt; gerade konnte er sich noch an einem tief hängenden Tannenast halten. Die Hände hatte er sich dabei aufgerissen; sie bluteten, und der Schreck war ihm in die Glieder gefahren, als er plötzlich den Abgrund unter sich spürte.

Die Gesteinsspalte, vereist und mit Schnee bedeckt, zog sich durch die ganze Schlucht. Bestimmt war der kleine Bär dort hineingerollt.

Grischka war verzweifelt – so hatte also die Bärenmutter ihr Junges doch nicht retten können!

Er hockte sich auf den Boden, wischte seine blutenden Hände im Schnee ab und sah sich dabei um, ob er nicht doch irgendwo eine Spur entdecken könnte; er lauschte auch, ob von irgendwoher ein Laut des Tierchens käme. Und plötzlich zuckte er zusammen! Nein, es war keine Täuschung – das war der Klagelaut eines Tieres! Aber so schwach, kaum vernehmbar. Grischka spitzte die Ohren – wo kamen die Töne her?

Nicht aus den Tiefen der Schlucht! Grischka lauschte, ging einen Schritt, lauschte wieder, ging weiter – und da entdeckte er oben in dem Spalt, in den Zweigen eines verkümmerten Gebüschs, den kleinen Bären.

Er versuchte, an das Gebüsch heranzukommen und das Tier zu packen. Der kleine Bär lag auf dem Rücken, in den Zweigen festgeklemmt, strampelte wie wild und fauchte wie eine Katze, als Grischka ihn greifen wollte.

Das kleine Tier stellte sich recht feindlich und war bissig; es verstand schon, sich seiner Krallen zu bedienen, und kratzte und biss mit seinen scharfen Zähnchen. Grischka riss sehr schnell seine Hand zurück, als er den Biss spürte; es blutete tüchtig.

»Na, du kleiner Teufel, hast wohl Angst? Komm her,

Brüderchen, du kleiner runder Fettwanst, du hast dir sicher nicht wehgetan!«

Grischka lachte laut, weil er sich so sehr freute – und dieses Lachen schien den kleinen Bären zu besänftigen. Er biss nun nicht mehr um sich, und als Grischka ihn im Genick packte und aus den Zweigen herauszog, ließ er es sich gefallen.

Die Bärenmutter hatte ihrem Kleinen wohl beigebracht, die Stimmen der anderen Tiere des Berges zu erkennen; zum ersten Male aber hörte es nun eine Menschenstimme, die so ganz anders und viel einschmeichelnder als die Tierstimmen klang. Vor allem aber war es das hell klingende Lachen des Jungen, das wie ein Zauber auf das Tier wirkte.

Noch zitterte der junge Bär an allen Gliedern und seine erschrockenen Augen rollten wie zwei kleine rote Kugeln hin und her; dann aber versuchte er doch, Grischka ins Gesicht zu sehen. Das Lachen schien ihn zu erschrecken, ihm aber zugleich auch Spaß zu machen.

»Na, Brüderchen, jetzt hast du einen Freund bekommen!«

Grischka bemühte sich, seine Stimme besonders sanft klingen zu lassen.

»Einen richtigen Freund, du wirst es sehen!«

Das Bärchen streckte seine rosige Zunge heraus und blinzelte Grischka an. Nun ließ es sich sogar streicheln, und als Grischka ihm den wolligen Pelz kraulte, gefiel es ihm so sehr, dass es Hals und Kopf dem Jungen entgegenstreckte.

»Du wirst mich auch mögen, Brüderchen – sieh mal an, jetzt hast du ja gar keine Angst mehr! Nun komm!«

Grischka nahm den kleinen Bären auf den Arm, der sich das jetzt gerne gefallen ließ; er kugelte sich zusammen, kuschelte sich an Grischkas Brust und steckte seine kleine Schnauze unter Grischkas Achsel.

In der Ferne hörte man immer noch die Hunde bellen; nun drang, lauter und stärker als das Hundegebell, ein fürchterlicher Schrei durch die Luft – der Todesschrei der alten Bärenmutter. Das Bärchen hörte es und begann am ganzen Leib zu zittern und mit einem fast schluchzenden Laut barg es seinen Kopf an Grischkas Brust.

Dort oben unter den Tannen hatte sich das Leben der Bärin vollendet. Die Hunde bellten wie toll und warteten auf ihren Lohn. Der Schrei, den das Bärenkind gehört hatte, war der letzte, den das Tier ausstieß, bevor es, zu Tode getroffen, zusammenbrach.

Grischka spürte, wie unter dem wolligen Fell das Herz des kleinen Tieres aufgeregt schlug.

»Hab keine Angst, Brüderchen, hab keine Angst. Wenn ich bei dir bin, brauchst du nichts zu fürchten.«

René Guillot

Kleiner-Bär will verreisen

Schon den halben Tag langweilt sich Kleiner-Bär in der Bärenhöhle. Deswegen nimmt er seinen Koffer und packt ein paar Sachen rein. Zu Papa-Bär und Mama-Bär sagt er: »Ich verreise mal ein bisschen, will mir die Welt anschauen.«

Die Eltern nicken und brummen: »Das ist gut, Sohn. Bei so einer Reise erlebst du bestimmt was.«

»Mhh, glaub ich auch«, brummt Kleiner-Bär. Dann nimmt er seinen Koffer in die Pfote, geht aus der Höhle und in den Wald. Trottet so vor sich hin. Den Bach entlang, zum Fluss und immer weiter.

Kleiner-Bär guckt in die Bäume, ob sein Rabenfreund irgendwo landet. Mit Freund verreisen wär nämlich noch besser als alleine.

Da sieht er plötzlich Menschen vor sich auf dem Weg, Männer und Frauen. Und die rennen. Viele Menschen sind das. Sie rennen nebeneinander, hintereinander, überholen sich. Dazu schnaufen sie wie wild.

Interessant, denkt Kleiner-Bär. Und lustig sehen die Renn-Menschen aus. In der Mitte tragen sie kurze Hosen, weiter oben kurze Hemden und ganz oben haben sie rote Schnaufköpfe. Ach, und an ihren Unterpfoten tragen sie Rennschuhe und auf dem Rücken Nummern.

Ob die nummerierten Menschen davonlaufen?,

überlegt Kleiner-Bär. Vielleicht haben sie Angst. Aber warum laufen sie nummeriert davon? Komisch.

Ich lauf mal einfach hinterher, denkt Kleiner-Bär. Eigentlich wollte ich ja verreisen. Aber hinterherlaufen ist bestimmt auch nicht schlecht. Und ich frage die Menschen, warum sie rennen.

Mit dem Koffer in der Pfote rennt Kleiner-Bär los. Immer hinter den Menschen her, die vor ihm rennen. Und Kleiner-Bär ist ein flinker Renn-Bär. Wirklich!

Er kommt dem letzten Menschen näher. Der ist etwas dicker als die anderen und langsamer. Kleiner-Bär feuert ihn mit Gebrumm an.

Da dreht sich der Mensch um. Sieht den Bären und rennt schneller. Aha! Ein Zwischenspurt, denkt Kleiner-Bär. Sehr sportlich spurtet er hinter dem Menschen her und mit Gebrumm an ihm vorbei.

Schreiend springt der Renn-Mensch ins Gebüsch. Ob das Schreien dazugehört?, überlegt Kleiner-Bär und schreit sehr laut, während er läuft. Schreit nur mal so, sehr brummig und zur Probe.

Immer schneller rennt er. Das schafft er leicht. Sogar mit Koffer in der Pfote läuft und brummt er nämlich toll.

Einige Menschen drehen sich um, haben ihn laut anbrummen hören. Sofort schreien auch sie los.

Wahrscheinlich soll mich das anfeuern, denkt Kleiner-Bär. Sehr lieb von ihnen. Lauf ich halt schneller. Nun versuchen das auch die Menschen vor ihm.

Ist ja toll!, denkt Kleiner-Bär. Das macht Spaß! Er rennt noch etwas schneller, brummt noch etwas lauter. Ich komme, heißt das. Und er lacht und ruft immer wieder: »Bahn frei! Kartoffelbrei!«

Einige Renn-Menschen direkt vor ihm hören es. Blitzartig machen sie die Bahn frei, obwohl Kleiner-Bär das doch nur zum Spaß ruft. Die meisten rennen vom Weg in den Wald, andere springen einfach ins Gebüsch. Zack! Kleiner-Bär bleibt natürlich schön auf dem Weg, denn da kann man besser rennen.

Über sich hört Kleiner-Bär Flügelschlagen. Ach, sein Rabenfreund kommt angeflogen und der krächzt: »Schneller, Kleiner-Bär! Du wirst Meister! Bist der beste Schnellläufer! Du gewinnst! Los! Lauf!«

Aha, denkt Kleiner-Bär, das sind Schnelllauf-Meisterschaften. Prima. »Ich gebe mein Bestes!«, ruft er.

Jetzt schafft er es sogar, noch ein wenig schneller zu flitzen. So überholt er einen Menschen nach dem anderen.

Irgendwie findet er es nur langsam seltsam, dass sie spätestens dann beiseite springen, wenn er sie überholt. Überholen sie sich gegenseitig, machen sie das nicht. Na ja, die Menschen sind seltsam. Das weiß bär ja eigentlich.

Einige klettern sogar die Bäume hoch, wenn Kleiner-Bär kommt. Sehr sportlich. Bäume hochklettern ist nämlich gar nicht so einfach.

Kleiner-Bär dreht sich um. Der Weg hinter ihm ist

leer. Nur ein paar Menschenköpfe gucken aus Gebüschen. Sehen aus wie erstaunte, große rote Früchte.

Knapp über ihm fliegt Räb, sein Rabenfreund. Und einige Schritte vor ihm läuft noch ein Mensch. Den will Kleiner-Bär nun auch überholen. Ist doch klar.

Er lässt seinen Koffer in ein Gebüsch fallen. Ohne Koffer kann er nämlich noch etwas schneller rennen. Los geht's!

Immer näher kommt Kleiner-Bär dem Menschen.

»Du schaffst es!«, krächzt der Rabe.

Da dreht sich der Renn-Mensch um. Er sieht seinen Verfolger und mit einem Satz landet auch er im Gebüsch.

Na, so was!, denkt Kleiner-Bär. Dabei hab ich eben nicht mal »Bahn frei! Kartoffelbrei!« gerufen.

Jetzt ist Kleiner-Bär Erster. Er rennt noch ein Stückchen, aber langsamer. Schließlich sieht er vor sich am Waldrand einen Tisch. Lauter glänzende Dinger stehen darauf und einige Menschen stehen um den Tisch.

»Das Band hier ist das Ziel«, erklärt ihm sein Freund, der Rabe. »Und die glänzenden Dinger auf dem Tisch sind die Preise für die Sieger.«

»Also krieg ich einen!«, freut sich Kleiner-Bär. Er durchrennt das Zielband und läuft auf den Tisch und die Menschen zu. »Hallo!«, brummt er. »Ich hab gewonnen! Bin erster Siegerbär!«

Vor dem Tisch bleibt er stehen. Die Menschen, die

eben noch hier waren, sind weggelaufen. Haben sich versteckt. Das ist doof, denkt Kleiner-Bär. Wir spielen doch nicht Verstecken. »Kommt raus! Und Preis her!«, brummt er. Aber niemand kommt raus und gibt ihm den Preis.

Die schummeln, denkt Kleiner-Bär. Und da nimmt er sich einfach den größten Preis. Bestimmt gehört der dem Sieger.

Der Preis glitzert und ist schön schwer. Wie ein Riesenbecher mit Stiel sieht er aus. Kleiner-Bär hält ihn hoch. Obwohl er keinen Menschen sieht, verbeugt er sich etwas und brummt: »Vielen Dank auch für den Preis.« Schließlich ist er ein gut erzogener kleiner Bär.

Dann trottet er im Wald neben dem Weg zurück. Räb fliegt über ihm. Manchmal sehen sie Menschen. Die gucken vorsichtig und gehen langsam. Als hätten sie Angst. Wovor nur?, überlegt Kleiner-Bär.

Seinen Koffer nimmt er aus dem Gebüsch und seinen Preis legt er in den Koffer. »Eigentlich wollte ich ja verreisen«, erzählt er dem Raben.

»War nur eine kurze Reise«, krächzt der.

»Stimmt«, brummt Kleiner-Bär. »Kurz, lustig und schnell. Aber vor allem hab ich mich nicht mehr gelangweilt.«

Das will er jetzt den Eltern erzählen. Deswegen verabschiedet er sich vom Rabenfreund und geht nach Hause. Seinen Blechlöffel nimmt Kleiner-Bär schon mal aus dem Stirnband. Da steckt er immer. Kleiner-

Bär wird ihn brauchen, denn bald gibt's was zu futtern. So ein Wettlauf macht nämlich hungrig.

Er trottet vor sich hin. Den Koffer mit dem Preis hält er in der einen Tatze, den Löffel in der anderen. Ist eigentlich toll, was man bei uns im Wald erleben kann, denkt er. Da gehe ich los, will verreisen und werde Wettlaufmeister.

Er sieht schon ihre Bärenhöhle. Bald wird er zu Hause sein und darauf freut er sich.

»Verreisen und wettlaufen ist prima«, brummt er. »Aber nach Hause kommen ist mindestens genauso prima.«

Jetzt fällt ihm ein, was er mit dem Preis tun wird. Den will er gleich voll Bärenbrei füllen und leer futtern. Blitzschnell und mindestens zwei Riesenbecher ... oder vielleicht auch drei. Mal sehen.

Achim Bröger

Honig

In der Bärenschule
sagt der Bärenlehrer
zu den Bärenkindern:
»Bienen sind nützlich.
Ein Bienenvolk stellt Honig her.
Honig ist gut für Bären.
Ein Bär, der Honig holt,
muss das Wo und Wann kennen.
Wo sammeln Bienen Honig?
In hohlen Baumstämmen.
Wann holt der Bär den Honig?
Wenn die Bienen nicht zu Hause sind.«

In der Bienenschule
sagt der Bienenlehrer
zu den Bienenkindern:
»Der Bär ist unser Feind.
Er klaut Honig.
Wir bekämpfen Feinde.
Wer Feinde bekämpft,
muss das Wo und Wann kennen.
Sobald der Feind
seine Tatze an den Honig legt,
gehen wir zum Angriff über.
Wir stechen und sterben für den Honig.«

»Lasst uns miteinander
den Honigfrieden suchen!«,
sagt der Bärenkönig.
»Honigfrieden? Für wen?«,
fragt die Bienenkönigin.

In der Bärenschule
sammeln Bärenkinder
Samenkörner vom Bärenklau.
Sie säen den Samen aus.
Junger Bärenklau wächst.
Junger Bärenklau blüht.
Bienen sammeln Bärenklauhonig.
Honig für Bienen.
Honig für Bären.
Sie feiern miteinander
das Honigfriedensfest.
Drei Wochen schulfrei
für Bienen und Bären.

Irmela Wendt

Eine Bärenfamilie

Wolodja ging lange. Als vor ihm durch dichtes Gesträuch ein Fluss auffunkelte, ging er schneller. Bald entdeckte er am jenseitigen Ufer eine Hütte. Der Fluss war nicht sehr breit und floss ruhig dahin, nicht etwa so wie der Ilytsch. Wolodja wollte schon hinüberschwimmen, da sah er im Gebüsch eine Bärenmutter mit zwei Kleinen. Langsam und faul setzten sie ihre Tatzen. Von links kamen sie daher und strebten dem Sandufer zu, voran die Bärenmutter, hinter ihr die Bärenkinder. Und dahinter kam noch ein Bär, schon größer als die Kleinen. Sie wollten ans jenseitige Ufer, wohin auch Wolodja wollte.

Wolodja beobachtete, versteckt im Gebüsch, was nun geschah. Gut, dass der Wind zu mir herweht, dachte er, so wittern sie mich nicht. Wolodja wusste, dass Bärinnen in dieser Zeit besonders reizbar sind, weil sie für ihre Kinder fürchten. Die Kleinen waren noch nicht einmal ein Jahr alt. Das dritte Bärenkind war sicher schon zwei Jahre, ein großer, starker Bursche. Er war ein *Pestun*, ein Aufpasser für die beiden kleinen Brüder. Der Großvater hatte Wolodja von diesen Aufpassern erzählt. Aber Wolodja sah gleich, dass dieser Pestun ein fauler Strick war, und darum war er gespannt, was nun geschehen würde.

Die große alte Bärin schwamm in aller Ruhe über

den Fluss und überließ die Sorge um die Kleinen dem Pestun. Als sie am anderen Ufer aus dem Wasser stieg, schüttelte sie sich so mächtig, dass die Wasserspritzer wie ein großer Fächer das Geröll bis zur Hütte hin benetzten. Dann sah sie sich um, stellte fest, dass sich der Pestun keineswegs um die Kleinen kümmerte und dass die Bärenkinder kläglich wimmerten. Sie standen auf ihren Hinterbeinen im Wasser, streckten der Mutter am anderen Ufer ihre kleinen Pranken entgegen und tappten dann im flachen Wasser herum, weil sie Angst hatten.

Der Pestun aber schwamm seelenruhig, ohne sich umzusehen, über den Fluss.

Die Bärin erwartete den Pestun am anderen Ufer und fletschte die Zähne. Der Pestun stieg aus dem Wasser, ging auf seine Mutter zu – und plötzlich warf ihn eine mächtige Ohrfeige in den Fluss zurück. Er überschlug sich zweimal. Fast hätte Wolodja laut aufgelacht. Jetzt hatte der Pestun begriffen. Er kehrte eilig zu den Kleinen zurück, schob sie unter zärtlichem Gebrummel ins Wasser, schwamm dicht hinter ihnen, so dass er bald den einen, bald den anderen mit seiner Nase vorwärts stoßen konnte. Als die Kleinen ans andere Ufer kletterten, leckte die Mutter sie. Den Pestun aber beachtete sie nicht. Schuldbewusst leckte er die Bärin, worauf sie sich dann allesamt würdevoll in Bewegung setzten und an der Hütte vorbei im Wald verschwanden. Vorn ging wieder die Mutter, dann kamen die zwei Kinder, dann, den Zug beschließend, der Pestun.

Wolodja sah die Bärin noch auf einem umgestürzten Baum entlangbalancieren – wie ein Zirkuskünstler. Auch die Bärenkinder und der Pestun krabbelten auf Baumstämmen hinterher, obwohl sie sich ebenso gut daneben auf dem Geröll hätten bewegen können.

Wolodja wusste, warum die Bärenmutter die Baumstämme bevorzugte. So verwischte sie für alle Fälle die Spuren.

Juri Korinetz

Not lässt den Bären tanzen.
Sprichwort aus Holland

Bärenzirkus Zampano

Einmal kam ein alter roter Lastwagen über den Hügel gefahren. Fuhr auf der Landstraße, fuhr über den Hügel und kam in unser Dorf. Ein Mann stieg aus. Trug eine Gala-Uniform wie ein Löwenbändiger, hob die Plane vom Lastwagen und auf dem Lastwagen war ein Käfig. In dem Käfig war ein Bär. Der Mann hängte ein Schild an den Käfig, darauf stand: *Bärenzirkus Zampano.*

Und dann rief er: »Morgen, meine Herrschaften, findet eine Vorstellung statt, weil der Bär Kunststücke vorführen wird und tanzen kann. Ich werde ihn besiegen. Eintritt einsfünfzig auf allen Plätzen. Der starke Zampano bin ich.«

Am nächsten Tag hatte er eine Kiste aufgestellt, das war die Kasse. Er hatte einen Kreis in den Sand gezeichnet, das war die Manege. Dann holte er den Bären aus dem Käfig und führte ihn an einem Strick in den Kreis.

Er kommandierte: »Zuerst verbeuge dich vor den Herrschaften und vor mir! Na los!« Und drückte dem Bären den Kopf mit der Peitsche nach unten, der Bär wehrte sich nicht.

Wir dachten: »Der Mann muss aber sehr stark sein, wenn der Bär ihm gehorcht.«

Dann musste der Bär über eine Tonne springen. Der Mann warf die Peitsche weg und der Bär musste sie

holen. Er musste Handstand machen und doppelten Salto vorwärts und rückwärts. Er musste auf der Tonne rollen wie ein Akrobat. Und der Bär tat es, ohne sich zu wehren. Dann ließ er ihn auf der Wiese marschieren und eine Trommel schlagen. Wie ein Hanswurst. Er musste auf einem hochgefährlichen Seil balancieren, und als der Mann auf einer Klarinette spielte, musste der Bär tanzen. Aus dem Kreis hinaus und auf dem Feld. Und dann musste er sich wieder verbeugen, der Mann stellte ihm den Fuß mit dem Stiefel auf den Kopf und rief: »Besiegt! Ich habe den Bären besiegt.«

Wir dachten schon: Der Mann muss wohl sehr, sehr stark sein, weil der Bär sich nicht wehrt.

Aber dann geschah etwas! Eine Fliege kam geflogen und wollte den Bären kitzeln. Der Bär wollte sie verjagen, wollte die Pfote heben, da zerrte der dicke Zampano am Seil und schrie: »Nein! Halt! Du bewegst dich nicht, hast du verstanden?« Aber der Bär bewegte sich doch. Er schlug mit der Pfote nach der Fliege, das Seil ruckte und der dicke Zampano flog quer durch die Luft. Und als die Kitzelfliege dem Bären um die Nase kreiste, jagte der Bär im Kreis hinter ihr her und der Mann an dem Seil flog im Kreis durch die Luft.

Wir dachten: Er könnte das Seil doch loslassen. Aber das war genau falsch, denn als es riss, flog er noch höher hinauf. Kreiste oben in der Luft herum, flog über unser Dorf und verschwand dann in der Ferne.

Der Bär jagte noch eine Weile die Fliege und dann

ging er weg. Ging über die Wiesen und verschwand im Wald.

Der Mann kam nicht wieder. Manchmal flog er noch über unserem Dorf vorbei und tut es heute noch. Der rote Lastwagen ist mit der Zeit verrostet, aus dem Käfig haben wir einen Hühnerstall gemacht, und was aus dem Bären wurde, wissen wir auch nicht ganz genau.

Ein alter Mann, der hinter dem Wald wohnt und einmal in unser Dorf kam, erzählte von einem besonders großen und starken Bären, der dort, wo der Wald am tiefsten ist, leben soll, sich die Sonne auf die Pfoten scheinen lässt – aber man geht ihm besser aus dem Weg.

Manchmal kommen Fremde in unsere Gegend und fragen, was das für ein seltsamer Mann sei, der da oben am Himmel über unserem Dorf herumfliegt. Dann erzählen wir ihnen die Geschichte vom dicken Zampano, der dachte, wer sich nicht wehrt, ist schwach. Der dachte, er könne einen Bären besiegen und mit einem roten Lastwagen durch das Land fahren. Und Zirkus machen.

Die Geschichte ist wahr.

Janosch

Wild gewordener Bär

Der junge Bär stand mit ausgestreckten Armen vor der Bärenhöhle. Aus seiner linken Pfote pickten Amseln Körner, aus der rechten Spatzen und Finken irgendwelche Krümel.

Der Vater trat aus der Höhle, sah zu, schüttelte den Kopf und sagte: »Mein Bärensohn, es wird endlich Zeit, dass du ein richtiger Bär wirst. Und ein richtiger Bär ist ein wilder Bär, vor dem sich die andern Waldbewohner fürchten.«

Der junge Bär neigte sich über eine Wasserlache, übte im wässrigen Spiegel eine möglichst furchteinflößende Grimasse ein und schritt mit ihr in den Wald.

Vor ihm, mitten auf dem Weg, zankten sich zwei Raben mit Geschimpfe und Gekrächze um eine Raupe, kümmerten sich keinen Deut um den grimmig daherstampfenden Bären. Erst als er sich über sie beugte, die Hände zu einem Trichter formte und schrie: »Da ist der wilde Bär mit dem wilden Gesicht, geht mir sofort aus dem Weg!«, flatterten die Raben rasch zur Seite, aber nur, um hinter seinem Rücken gleich wieder weiterzustreiten.

Der Bär kam unter einer Tanne vorbei, aus der ein Eichhörnchen rief: »Lieber Bär, mir ist ein Tannzapfen hinuntergefallen, es sind noch Samen darin. Es wäre schade darum, ich kann sie aber nicht holen, weil ich meine Jungen säuge. Bringst du mir bitte den Zapfen?«

»Was heißt da ›lieber Bär‹?«, schrie der Bär. »Ich bin ein wilder Bär, merk dir das! Und wenn ich jetzt gleich mit dem Tannzapfen bei dir oben ankomme, dann duck dich gefälligst ins Nest und beschütze deine Jungen.«

Als er den Zapfen ins Nest warf, zitterte das Eichhörnchen sogar.

»So ist's recht!«, brummte der Bär zufrieden.

Kurze Zeit später kroch ein Dachs aus einem Busch, wollte an dem Bären vorbei ins jenseitige Dickicht laufen. »Halt, halt!«, brüllte der Bär und vertrat dem Dachs den Weg. »Was erlaubst du dir? Siehst du mein wildes Gesicht nicht?«

Meine Güte!, dachte der Dachs, es könnte einem wirklich fast Angst und Bange machen. Und wie viel Mühe er sich doch gibt! Ich kehre lieber um, sonst kränke ich ihn noch.

Der Bär ging immer weiter. Vögel sangen in den Bäumen. Aber sonst war niemand zu sehen. Es hat sich herumgesprochen, dass ein gefährlicher Bär unterwegs ist. Alle verstecken sich vor mir, dachte der Bär und wurde immer verdrossener. Das habe ich nun davon. Mit wem kann ich mich noch unterhalten? Ganz schön langweilig ist das. Ich geh lieber wieder nach Hause.

Kaum hatte er sich umgedreht, trat zwischen den Bäumen ein mächtiger Elch hervor und sagte: »Da bist du ja, du Ungeheuer. Ich hätte schon lange gern

einmal mit einem wilden Bären gekämpft, bist du bereit?«

Schon senkte er den Kopf und hielt dem Bären sein Schaufelgeweih bedrohlich entgegen, als ob er seinen Gegner aufspießen wollte. Der Bär erkannte, dass es zu spät war davonzulaufen, sprang in seiner Not auf das Geweih und klammerte sich mit allen vier Pfoten daran fest. Der Elch schüttelte seinen Kopf, zuerst hin und her, dann auf und ab, stellte sich auch auf die Hinterbeine und stieg wie ein scheuendes Pferd in die Höhe. Aber der Bär hielt sich nur noch krampfhafter fest. Darum lief der Elch los, raste in höllischem Tempo zwischen den Bäumen hindurch, kam an der Bärenhöhle vorüber, stoppte unerwartet. Doch selbst nach dieser Schnellbremsung blieb der Bär auf dem Geweih, sprang erst ab, als Vater und Mutter im Höhleneingang auftauchten.

»Hier ist euer wilder, mutiger Bärensohn zurück«, sagte der Elch, »ihr könnt stolz sein auf ihn. Ich habe gekämpft mit ihm, ihn aber nicht besiegen können.« Und schon war er im Dickicht verschwunden.

Hans Manz

Ist der Bär nicht an der Leine, so tanzt er nicht.
Sprichwort aus Russland

Quellennachweis

Martin Auer, *Kleine Bärenkunde* aus: Der Bunte Hund Nr. 23. © 1990 Beltz & Gelberg, Weinheim

Richard Bletschacher, *Der Bärenfänger* aus: Hans-Joachim Gelberg (Hrsg.), Die Stadt der Kinder. © 1999 Beltz & Gelberg, Weinheim

Alfred Brehm, *Die Mutprobe* aus: Brehm, Bären. R. Voigtsländers Verlag, Leipzig o.J.

Achim Bröger, *Kleiner Bär will verreisen* aus: Achim Bröger, Der kleine Bär. © 1998 by Thienemanns Verlag, Stuttgart – Wien

René Guillot, *Die Jagd* aus: René Guillot, Grischka und sein Bär. Deutsch von Bruno Berger. © 1985 C. Bertelsmann Verlag GmbH, München

Susanne Härtel, *Etwas Bärenbiologie*. Originalbeitrag. © bei der Autorin

Peter Härtling, *Bär* aus: Hans-Joachim Gelberg (Hrsg.), Oder die Entdeckung der Welt. 10. Jahrbuch der Kinderliteratur. © 1997 Beltz & Gelberg, Weinheim

Evelyn B. Hardey, *Bärenfang* aus: Hans-Joachim Gelberg (Hrsg.), Überall und neben dir. © 1986 Beltz & Gelberg, Weinheim

Kirkpatrick Hill, *Der Bär greift an* aus: Kirkpatrick Hill, Starker-Sohn und Schwester. Aus dem Amerikanischen von Susanne Koppe. © 1993 Beltz & Gelberg, Weinheim

Janosch, *Bärenzirkus Zampano* aus: Janosch, Das große Janosch-Buch. © 1976 Beltz & Gelberg, Weinheim

Juri Korinetz, *Eine Bärenfamilie* aus: Juri Korinetz, Wolodjas Brüder. Aus dem Russischen von Hans Baumann. © 1984 Beltz & Gelberg, Weinheim

D.N. Mamin-Sibirjak, *Das Bärchen* aus: Kindererzählungen, Märchen und Fabeln russischer Klassiker. Deutsch von Manfred von Busch. © 1971 Alfred Holz Verlag, Berlin

Hans Manz, *Wild gewordener Bär* aus: Hans Manz, Pantoffeln für den Esel. © 1996 Verlag Nagel & Kimche AG, Zürich

A.A. Milne, *Pu macht einen Besuch und gerät an eine enge Stelle* aus: A.A. Milne, Pu der Bär. Aus dem Englischen von Harry Rowohlt. © 1998 Cecilie Dressler Verlag, Hamburg

Rosemarie Neie, *Aus dem Leben von zwei Bären* aus: Hans-Joachim Gelberg (Hrsg.), Oder die Entdeckung der Welt. 10. Jahrbuch der Kinderliteratur. © 1997 Beltz & Gelberg, Weinheim

Benno Pludra, *Vom Bären, der nicht schlafen konnte* aus: Herold's Gutenacht-Geschichten. © Middelhauve Verlags GmbH, München, für Der Kinderbuch Verlag, Berlin

Rosebud Yellow Robe, *Der Bärenberg* aus: Rosebud Yellow Robe, Tonweya und die Adler und andere Indianergeschichten. Deutsch von Inge M. Artl. © The Dial Press, New York

Jeannette Schmid, *Die Geschichte des Teddybären*. Originalbeitrag. © bei der Autorin
Marina & Wolfdietrich Schnurre, *Wie der Koalabär wieder lachen lernte*. © 1971 Atlantis Verlag, Zürich
Alfons Schweiggert, *Das Eisbärenlied* aus: Hans Gärtner (Hrsg.), Das große Vorlesebuch für Kindergartenkinder. © 1996 Edition Bücherbär im Arena Verlag GmbH, Würzburg
Slavey-Indianer, *Die Wärme im Sack der Bärin* aus: Susanne Härtel (Hrsg.), Indianer-Lesebuch. © 1995 Franz Schneider Verlag GmbH, München
Jürgen Spohn, *Appetit* aus: Jürgen Spohn, Bärereien. © 1989 Carlsen Verlag GmbH, Hamburg
Irmela Wendt, *Honig* aus: Hans-Joachim Gelberg (Hrsg.), Überall und neben dir. © 1986 Beltz & Gelberg, Weinheim

Bildnachweis

Hannes Binder (108), Nikolaus Heidelbach (74), Egbert Herfurth (28), Eva Muszynski (90), Jerry Pinkney (70), Axel Scheffler (13, 24, 56, 64, 80, 102, 110), E. H. Shepard (32), Dorothy Siemens (46, 48), Jürgen Spohn (66)